꼭 알아야 할 고사성어·사자성어가 한 권에!
초등 고사성어 낱말 퍼즐

정명숙 엮음 | 허민영 그림

지경사

들어가며

'고사성어'와 '사자성어'는 똑같은 건가요?

故 事 成 語
예(옛)고 일사 이룰성 말씀어

四 字 成 語
넉사 글자자 이룰성 말씀어

고사성어는 고사에서 유래된 말로 비유적인 뜻이 담겨 있어요.

'고사'란, 유래가 있는 옛날의 일로 주로 역사적인 일을 가리키고, '성어'는 옛사람들이 만들어 낸 관용어를 가리켜요.

'고사성어'는 한자 뜻 그대로 '고사가 바탕이 되어 생겨난 말'로 글자 수는 정해져 있지 않아요. 주로 네 글자가 가장 많지만 '모순'처럼 짧은 두 글자도 있고, '과전불납리 이하부정관'처럼 열 글자나 되는 긴 것도 있지요.

'사자성어'는 한자 뜻 그대로 '네 글자로 이루어진 한자어'를 가리켜요. 사자성어는 고사가 있는 것도 있고 없는 것도 있어요. 고사성어 중 네 글자로 이루어진 것들은 고사성어이면서 사자성어가 되는 것이지요.

    고사성어는 '고사에서 유래했는지, 아닌지'가 분류의 기준이고, 사자성어는 '몇 글자의 한자로 이루어졌는지'가 분류의 기준이라는 점을 알아두세요. 뒤쪽에 이 책에 실린 고사성어와 사자성어를 가나다순으로 정리해 놓았으니 먼저 살펴보면 퍼즐을 한결 쉽게 풀 수 있어요.

    다양한 고사성어와 사자성어를 익혀 일상생활에서 상황에 맞게 사용해 보세요. 배경지식까지 탄탄해져 훨씬 똑똑하고 멋져 보일 거예요.

엮은이 정명숙

차례

1단계 고사성어·사자성어와 함께하는
낱말 퍼즐·낱말 게임 · 5
똑똑! 문해력 한자 사전 1 | 42

2단계 고사성어·사자성어와 함께하는
낱말 퍼즐·낱말 게임 · 43
똑똑! 문해력 한자 사전 2 | 80

3단계 고사성어·사자성어와 함께하는
낱말 퍼즐·낱말 게임 · 81
똑똑! 문해력 한자 사전 3 | 118

4단계 고사성어·사자성어와 함께하는
낱말 퍼즐·낱말 게임 · 119
이 책에 실린 고사성어·사자성어 | 156

1단계

고사성어·사자성어와 함께하는
낱말 퍼즐·낱말 게임

문해력 쑥쑥! 배경지식 탄탄!

STEP 1

가로세로 낱말 퍼즐

가로 낱말 풀이

2 '기운이 만 길 높이만큼 뻗었다'는 뜻으로, 뽐내는 기세가 대단하다는 말.
　예 누구를 믿고 저렇게 ○○○○한 건지 정말 못 봐주겠네. 비 호기만장 漢 氣高萬丈

4 '형이라 하기도 어렵고 아우라 하기도 어렵다'는 뜻으로, 서로 비슷비슷해 우열을 가리기 힘들다는 말.
　예 둘 중에 하나만 고르라니, 그거참 ○○○○로군. 비 난백난중 漢 難兄難弟

6 '손이 묶여 꾀를 낼 수 없다'는 뜻으로, 어찌할 도리 없는 답답한 상황을 가리키는 말.
　예 조선군이 육지에서 ○○○○으로 당하고 있을 때, 바다에서는 이순신 장군이 크게 활약했어.
　비 속수 漢 束手無策

세로 낱말 풀이

1 하늘과 땅 사이에 가득 찬 넓고 큰 기운.
　예 맹자 가라사대, 대장부가 되기 위해서는 ○○○○를 길러야 하느니라. 비 호기 漢 浩然之氣

3 '손바닥 하나로는 소리를 내기가 어렵다'는 뜻으로, 혼자서는 일을 이루지 못함을 이르는 말.
　예 11명이 함께 잘해야지 ○○○○ 식의 플레이로는 월드컵 4강에 진출하기 힘들어. 漢 孤掌難鳴

5 싸움으로 큰 혼란에 빠진 곳.
　예 경기장에서 싸움이 벌어져 순식간에 ○○○○으로 변했어. 비 수라장 漢 阿修羅場

📝 공부한 날   월   일

	5	
1		
	6 수	
2 기	3 고	장
	4 난	

▶ 정답 13쪽

가로세로 힌트

浩然之氣(호연지기) 氣高萬丈(기고만장) 孤掌難鳴(고장난명)
難兄難弟(난형난제) 阿修羅場(아수라장) 束手無策(속수무책)

STEP 1

숨은 고사성어 찾기

낱말 뜻풀이

1 백 번 쏘아 백 번 맞힘.
  예 고구려를 건국한 동명성왕 주몽은 활을 쏘았다 하면 ○○○○ 다 맞히는 명사수였어. 漢 百發百中

2 실제보다 과하게 부풀려 생각하고 그것을 사실로 믿어 버리는 증상.
  예 ○○○○에 빠져 분별 없이 저돌적으로 행동하는 사람을 '돈키호테형'이라고 해. 漢 誇大妄想

3 좋은 일에는 방해가 되는 일이 많음.
  예 ○○○○라더니, 1등 했다고 좋아서 펄쩍펄쩍 뛰다가 다리를 삐었어. 漢 好事多魔

4 무리가 적으면 대적할 수 없음.
  예 이순신 장군은 도저히 이길 수 없는 ○○○○의 어려운 상황에도 대승을 거두었어. 비 과부적중 漢 衆寡不敵

5 공적인 일과 사적인 일로 매우 바쁨.
  예 ○○○○하신데도 불구하고 참석해 주셔서 참 감사드립니다. 漢 公私多忙

6 '변방에 사는 늙은이의 말'이라는 뜻으로, 인생의 길흉화복은 변화가 많아 예측할 수 없다는 말.
  예 인간사 ○○○○라고 하지요. 그러니 좋은 일이 생겼다고 너무 자만할 것도 없고, 나쁜 일이 생겼다고 너무 낙심할 것도 없어요. 비 새옹마 漢 塞翁之馬

★ 정답을 찾아 ◯로 묶어 보세요!

프	라	소	백	발	백	중
새	륵	키	스	무	벨	과
옹	노	과	대	망	상	부
지	흐	니	호	마	라	적
마	모	토	트	사	키	스
공	사	다	망	이	다	코
차	베	르	벤	차	프	마

▶ 정답 13쪽

찾아보기 힌트

백발백중(百發百中)　과대망상(誇大妄想)　호사다마(好事多魔)
중과부적(衆寡不敵)　공사다망(公私多忙)　새옹지마(塞翁之馬)

STEP 1

고사성어 완성하기

낱말 뜻풀이

1 재주도 많고 능력도 많음.
　예) 공부도 잘하고 운동도 잘하는 ○○○○한 형이 있어 참 든든해. 비) 다능다재 漢) 多才多能

2 여러 가지 일도 많고 어려움도 많음.
　예) ○○○○했던 한 해가 저물고, 희망찬 새해가 밝았습니다! 漢) 多事多難

3 공격하기 어려워 쉽사리 함락되지 아니함.
　예) 특공대가 목숨 걸고 적진에 뛰어들어 ○○○○의 요새를 무너뜨렸어. 漢) 難攻不落

4 사람의 생각으로 미루어 헤아릴 수 없을 만큼 이상야릇함.
　예) 이집트의 피라미드는 세계 7대 ○○○○ 중 하나예요. 漢) 不可思議

5 사사로운 이익과 욕심.
　예) 백성들은 돌보지 않고 ○○○○만 채우는 탐관오리들을 잡아들이시오! 漢) 私利私慾

6 '아홉 번 죽을 뻔하다 한 번 살아난다'는 뜻으로, 여러 차례 죽을 고비를 넘기고 간신히 목숨을 건진다는 말.
　예) 교통 사고가 크게 났지만 안전벨트 덕분에 ○○○○으로 살아났어. 漢) 九死一生

📝 공부한 날   월   일

🔍 ★ 빠진 자음과 모음을 써넣으면 고사성어 완성!

1 多才多能   ㄷ ㅈ ㅏ ㅇ

2 多事多難   ㅏ ㅏ ㄷ ㄴ

3 難攻不落   ㄴ ㅇ ㄹ ㅏ

4 不可思議   ㅂ ㄱ ㅅ ㅢ

5 私利私慾   ㅏ ㅣ ㅅ ㅛ

6 九死一生   ㅜ ㅅ ㅇ ㅇ

어려우면 뒤쪽의 정답을 봐!

▶ 정답 13쪽

STEP 1

유래 알아보기

塞 翁 之 馬
변방 새　　늙은이 옹　　갈 지　　말 마

옛날, 중국 북쪽 변방에 한 노인(새옹)이 살고 있었어.
어느 날, 노인이 키우던 말이 오랑캐 땅으로 달아나 버리는 일이 생겼어.
몇 달이 지났을까, 그 말이 한 필의 준마를 데리고 돌아온 거야.
그런데 말타기를 좋아하는 아들이 준마를 타다가 떨어져 다리가 부러지고 말았어.
얼마 후, 오랑캐가 쳐들어오자 전쟁터에 나간 대부분의 젊은이가 목숨을 잃었어.
하지만 다리가 부러져 전쟁터에 나가지 못한 노인의 아들은 목숨을 건질 수 있었지.
여기서 유래한 말이 바로 '새옹지마'야.

*출전: <회남자>의 인간훈

따라 쓰기

塞	翁	之	馬	塞	翁	之	馬
변방 새	늙은이 옹	갈 지	말 마	변방 새	늙은이 옹	갈 지	말 마

옛날에 활쏘기의 초특급 고수였던 스님은?
* 백 번 쏘아 백 번 맞힘.

정답은 ☐ ☐ ☐ ☐ 입니다.

🔍 정답

① 다재다능 ② 다사다난 ③ 난공불락 ④ 불가사의 ⑤ 사리사욕 ⑥ 구사일생

난센스 퀴즈 백발백중

13

STEP 1

가로세로 낱말 퍼즐

가로 낱말 풀이

2 적의 사정과 나의 사정을 자세히 앎.
  예 'ㅇㅇㅇㅇ면 백전불태'는 적을 알고 나를 알면 백 번 싸워도 위태로울 것이 없다는 뜻이야. <손자병법>에 나오는 말이지. 비 지피지기 漢 知彼知己

4 '밥 열 숟가락으로 한 그릇을 만든다'는 뜻으로, 여럿이 힘을 합하면 큰 도움을 줄 수 있다는 말.
  예 우리가 ㅇㅇㅇㅇ 모은 성금이 뜻깊은 일에 쓰인다니 마음이 뿌듯해. 漢 十匙一飯

6 '까마귀 날자 배 떨어진다'는 뜻으로, 어떤 일이 공교롭게 함께 발생해 의심을 받게 된다는 말.
  예 ㅇㅇㅇㅇ이라더니, 하필 그때 귓속말을 해서 내가 소문낸 것으로 오해받았어. 漢 烏飛梨落

세로 낱말 풀이

1 '큰 그릇은 늦게 완성된다'는 뜻으로, 크게 될 사람은 늦게 이루어진다는 말.
  예 벼락스타보다는 차근차근 실력을 키운 ㅇㅇㅇㅇ형 스타가 더 멋져요. 漢 大器晩成

3 저것이나 이것이나 마찬가지임.
  예 나도 이번 시험 완전 망쳤으니 ㅇㅇㅇㅇ이야. 漢 彼此一般

5 어떤 목표에 도달할 때까지 여러 가지를 실행하고 실패를 되풀이하는 일.
  예 에디슨은 1만 번의 ㅇㅇㅇㅇ 끝에 전구를 발명했어요. 漢 試行錯誤

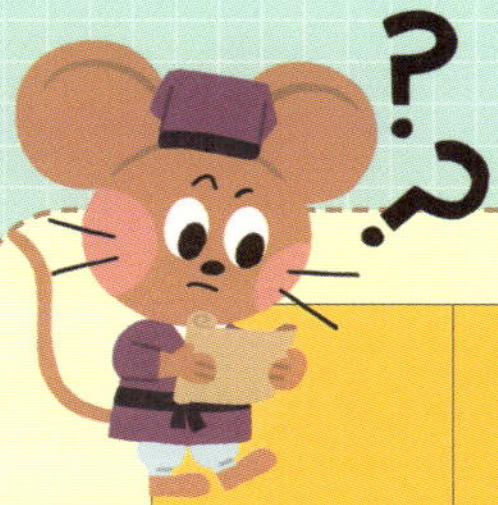

✏️ 공부한 날   월   일

▶ 정답 21쪽

가로세로 힌트

大器晚成(대기만성)　知彼知己(지피지기)　彼此一般(피차일반)
十匙一飯(십시일반)　試行錯誤(시행착오)　烏飛梨落(오비이락)

STEP 1

숨은 고사성어 찾기

낱말 뜻풀이

1 지난날의 잘못을 뉘우치고 착하게 됨.
예 욕심쟁이 놀부는 똥벼락을 맞은 뒤 ○○○○해 착한 형이 되었대. 비 회과천선 漢 改過遷善

2 집안이 화목하면 모든 일이 잘 이루어짐.
예 화목한 우리 집 가훈은 ○○○○○이야. 漢 家和萬事成

3 '어부의 이득'이란 뜻으로, 둘의 싸움으로 엉뚱한 사람이 이익을 얻는다는 말.
예 ○○○○는 '황새와 조개가 다투는 틈을 타서 어부가 둘 다 잡았다'는 고사에서 온 말이야. 비 어인지공 漢 漁父之利

4 아무런 꾸밈 없이 말과 행동이 순수한 그대로임.
예 나도 저 귀여운 아이처럼 ○○○○한 때가 있었지. 비 천진무구 漢 天眞爛漫

5 '말이 되지 않는다'란 뜻으로, 말이 이치에 맞지 아니함을 이르는 말.
예 먹을 거 다 먹고 운동도 안 하면서 살을 빼겠다니, 그런 ○○○○이 어디 있어? 漢 語不成說

6 알을 층층이 쌓아 놓은 것처럼 매우 위태로움.
예 너와 나 사이가 바로 깨지기 일보 직전인 ○○○○ 상황이야. 비 누란지세, 위여누란 漢 累卵之危

✏️ 공부한 날　　월　　일

★ 정답을 찾아 ◯로 묶어 보세요!

가	도	진	어	부	지	리
누	화	보	아	가	포	금
란	비	만	랑	도	제	흥
지	리	유	사	가	팔	개
위	국	어	불	성	설	과
몽	악	령	정	랑	타	천
천	진	난	만	노	기	선

▶ 정답 21쪽

찾아보기 힌트

개과천선(改過遷善)　가화만사성(家和萬事成)　어부지리(漁父之利)
천진난만(天眞爛漫)　어불성설(語不成說)　누란지위(累卵之危)

17

STEP 1

고사성어 완성하기

낱말 뜻풀이

1 임금을 충성으로 섬김. 화랑이 지켜야 할 세속오계의 하나.
  예 다섯 가지 계율 '○○○○, 사친이효, 교우이신, 임전무퇴, 살생유택'을 세속오계라고 해. 漢 事君以忠

2 많은 사람들이 선택한 것을 따라 하려는 심리.
  예 아무 생각 없이 ○○○○에 휩쓸리면 안 되지요. 漢 群衆心理

3 '마음의 틀이 한번 바뀐다'는 뜻으로, 이제까지의 마음 자세를 돌려 새롭게 가다듬는 것.
  예 두 번째 실패를 맛본 후 ○○○○하여 세 번째 도전에 성공했어요. 비 심기회전 漢 心機一轉

4 '백 번 싸워 백 번 이긴다'는 뜻으로, 싸울 때마다 다 이김.
  예 ○○○○보다 더 좋은 전략은 싸우지 않고 이기는 것! 漢 百戰百勝

5 글을 체계 있게 짓는 네 단계 방식.
  예 ○○○○은 문제 제기, 전개, 전환, 마무리의 네 단계로 이루어져. 한시의 구성 방식이기도 하지. 漢 起承轉結

6 마음과 행동이 맑고 검소하며 깨끗하고 순수함.
  예 청백리상은 ○○○○한 공무원에게 나라에서 주는 상이야. 상금과 승진이 주어진대. 漢 淸廉潔白

★ 빠진 자음과 모음을 써넣으면 고사성어 완성!

1 事君以忠 | ㅅ | 구 | ㅣ | ㅎ |

2 群衆心理 | 구 | ㅎ | 시 | ㄹ |

3 心機一轉 | ㅅㅁ | ㄱ | 이 | ㄴ |

4 百戰百勝 | 배 | 저 | ㅂㄱ | ㅅ |

5 起承轉結 | ㄱ | ㅎ | 전 | 겨 |

6 清廉潔白 | 처 | ㄹㅁ | 겨 | ㅂㄱ |

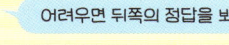
어려우면 뒤쪽의 정답을 봐!

▶ 정답 21쪽

STEP 1

유래 알아보기

大 器 晚 成
큰 대 그릇 기 저물 만 이룰 성

삼국시대 위나라에 최염이라는 유명한 장군이 있었어. 그에게는 얼굴도 못생기고 출세가 늦어 친척들로부터 업신여김을 당하는 최림이라는 사촌동생이 있었지. 하지만 최염은 그의 재능을 꿰뚫어 보고 이렇게 말했어.
"큰 종이나 솥은 쉽사리 만들어지는 게 아닐세. 마찬가지로 큰 인물도 성공하기까지는 오랜 시간이 걸리는 법이지. 내가 보기에 최림은 대기만성형이야. 두고 보라고, 틀림없이 큰 인물이 될 테니……."
과연 그의 말대로 최림은 훗날 천자를 보좌하는 삼공에 오르게 되었대.

*출전: <노자> 41장, <삼국지> '위서'의 최염전

따라 쓰기

大	器	晚	成	大	器	晚	成
큰 대	그릇 기	저물 만	이룰 성	큰 대	그릇 기	저물 만	이룰 성

깔깔 고사성어 난센스 퀴즈

손만 보고 자세히 알 수 있는 병명과 치료 방법을 적어 놓은 책은?

* 중국 오나라의 전략가 손무가 편찬한 병법서예요.
  '지피지기면 백전불태'라는 말도 여기서 나왔어요.

정답은    입니다.

🔍 정답

1 사군이충 2 군중심리 3 심기일전 4 백전백승 5 기승전결 6 청렴결백

난센스 퀴즈 손자병법

앞에서 익힌 고사성어를 떠올려 봐!

도전! 초성퀴즈

1. 변방에 사는 늙은이의 말.
   ㅅ ㅇ ㅈ ㅁ → ☐ ☐ ☐ ☐

2. 형이라 하기도 어렵고 아우라 하기도 어렵다.
   ㄴ ㅎ ㄴ ㅈ → ☐ ☐ ☐ ☐

3. 손이 묶여 꾀를 낼 수 없다.
   ㅅ ㅅ ㅁ ㅊ → ☐ ☐ ☐ ☐

4. 재주도 많고 능력도 많음.
   ㄷ ㅈ ㄷ ㄴ → ☐ ☐ ☐ ☐

5. 아홉 번 죽을 뻔하다 한 번 살아난다.
   ㄱ ㅅ ㅇ ㅅ → ☐ ☐ ☐ ☐

6. 까마귀 날자 배 떨어진다.
   ㅇ ㅂ ㅇ ㄹ → ☐ ☐ ☐ ☐

7. 큰 그릇은 늦게 완성된다.
   ㄷ ㄱ ㅁ ㅅ → ☐ ☐ ☐ ☐

8. 적의 사정과 나의 사정을 자세히 앎.
   ㅈ ㅍ ㅈ ㄱ → ☐ ☐ ☐ ☐

9. 집안이 화목하면 모든 일이 잘 이루어짐.
   ㄱ ㅎ ㅁ ㅅ ㅅ → ☐ ☐ ☐ ☐ ☐

10. 어부의 이득.
    ㅇ ㅂ ㅈ ㄹ → ☐ ☐ ☐ ☐

알맞게 이어 보자!

도전! 낱말잇기

★ 고사성어 또는 사자성어를 이루는 낱말끼리 이어 보세요!

11 과대	•	• 만장
12 기고	•	• 망상
13 호연	•	• 지기
14 난공	•	• 사욕
15 사리	•	• 불락

16 십시	•	• 일반
17 시행	•	• 천선
18 개과	•	• 착오
19 어불	•	• 성설
20 심기	•	• 일전

 정답

1.새옹지마 2.난형난제 3.속수무책 4.다재다능 5.구사일생 6.오비이락
7.대기만성 8.지피지기 9.가화만사성 10.어부지리
11.과대망상 12.기고만장 13.호연지기 14.난공불락 15.사리사욕 16.십시일반
17.시행착오 18.개과천선 19.어불성설 20.심기일전

STEP 1

가로세로 낱말 퍼즐

가로 낱말 풀이

2 몹시 노하여 크게 성을 냄.
  예) 아빠가 오늘처럼 ○○○○하기는 처음이야. 漢) 怒發大發

3 '한 번 웃으면 한 번 젊어진다'는 뜻으로, 웃으면 복이 들어온다는 말.
  예) 한 번 화내면 한 번 늙는다는 '일노일로'보다 반대인 ○○○○가 더 좋지 않나요? 漢) 一笑一少

5 '눈을 비비고 상대방을 본다'는 뜻으로, 상대방의 학식이나 재주가 놀랄 만큼 향상된 것을 이르는 말.
  예) 늘 꼴찌이던 친구가 일등을 하다니, 정말 ○○○○할 만한 일이야. 漢) 刮目相對

세로 낱말 풀이

1 '남자와 여자, 늙은이와 젊은이'란 뜻으로, 모든 사람을 이르는 말.
  예) 이게 바로 ○○○○ 누구나 좋아하는 과자야. 漢) 男女老少

4 작은 것을 탐하다가 큰 것을 잃음.
  예) 사은품 때문에 충동구매했다가 뒤늦게 ○○○○인 걸 알았지. 漢) 小貪大失

6 귀·눈·입·코를 아울러 이르는 말.
  예) 나는 ○○○○가 시원시원하게 잘생겼다는 말을 자주 들어. 漢) 耳目口鼻

📝 공부한 날   월   일

▶ 정답 31쪽

가로세로 힌트

男女老少(남녀노소)　怒發大發(노발대발)　一笑一少(일소일소)
小貪大失(소탐대실)　刮目相對(괄목상대)　耳目口鼻(이목구비)

STEP 1

숨은 고사성어 찾기

낱말 뜻풀이

1 자신의 말이나 행동이 앞뒤가 맞지 않음.
  예 환경을 보호하자면서 매일 일회용품을 쓰는 건 ○○○○이야. 漢 自家撞着

2 '눈 위에 서리까지 더한다'는 뜻으로, 나쁜 일이 잇따라 일어남을 이르는 말.
  예 ○○○○이라더니, 오늘은 여러 가지 사건이 겹쳐 힘든 날이었어.
  비 전호후랑 반 금상첨화 漢 雪上加霜

3 붓을 한번 휘둘러 단숨에 써내려감.
  예 서예를 오래 하신 우리 할아버지는 ○○○○로 붓글씨를 쓰셔. 漢 一筆揮之

4 '같은 값이면 다홍치마'라는 뜻으로, 같은 조건이면 좋은 것을 택한다는 말.
  예 ○○○○이라고 값이 같은데도 더 고급스러운 이 옷으로 살래. 漢 同價紅裳

5 '반딧불과 하얀 눈의 빛으로 이룬 공'이란 뜻으로, 가난을 이겨내며 열심히 공부해 이룬 성공을 이르는 말.
  예 ○○○○은 반딧불이를 모아 글을 읽은 차윤과 눈빛으로 글을 읽은 손강 이야기에서 생겨났어요.
  漢 螢雪之功

6 조금의 여유도 없는 몹시 절박한 순간.
  예 호랑이가 덤벼드는 ○○○○의 상황에서 사육사는 과연 탈출할 수 있을까? 비 위여일발
  漢 危機一髮

📝 공부한 날   월   일

★ 정답을 찾아 ⬯로 묶어 보세요!

하	르	위	기	일	발	베
자	동	헨	를	필	리	파
런	가	이	암	휘	던	형
프	홍	당	담	지	스	설
랑	상	그	착	르	델	지
린	크	르	푸	빈	트	공
테	설	상	가	상	베	뭔

▶ 정답 31쪽

찾아보기 힌트

자가당착(自家撞着) 설상가상(雪上加霜) 일필휘지(一筆揮之)
동가홍상(同價紅裳) 형설지공(螢雪之功) 위기일발(危機一髮)

STEP 1

고사성어 완성하기

낱말 뜻풀이

1 미리 준비가 되어 있으면 근심할 것이 없음.
   예) ○○○○이라잖아. 유리창에 안전 필름을 붙이면 태풍이 와도 끄떡없대. 漢) 有備無患

2 '뼈가 없이 좋은 사람'이란 뜻으로, 줏대가 없이 두루뭉술하여 남의 비위를 모두 맞추는 사람을 이르는 말.
   예) 거절도 못하고 해달라는 대로 다 해주니까 ○○○○이란 말을 듣는 거야. 漢) 無骨好人

3 '원인과 결과는 서로 맞물려 있다'는 뜻으로, 선을 행하면 선의 결과가, 악을 행하면 악의 결과가 뒤따른다는 말.
   예) 제비 다리를 고쳐 준 흥부와 부러뜨린 놀부에게 내려진 상벌이 ○○○○의 예라고 할 수 있어.
   비) 인과보응 漢) 因果應報

4 한 집 한 집.
   예) 안전 점검원이 도시가스 시설이 안전한지 ○○○○ 방문해서 점검해요. 漢) 家家戶戶

5 세금을 가혹하게 거둬들이고 무리하게 재물을 빼앗음.
   예) 고부 군수 조병갑은 ○○○○로 폭정을 일삼아 동학혁명의 직접적인 원인이 되었어요. 漢) 苛斂誅求

6 '배에 표시를 새겼다가 나중에 칼을 찾는다'는 뜻으로, 어리석고 융통성이 없다는 말.
   예) 배가 움직인 것을 생각하지 않고 ○○○○한 어리석은 사람이라니! 비) 각선구검 漢) 刻舟求劍

★ 빠진 자음과 모음을 써넣으면 고사성어 완성!

📝 공부한 날　　월　　일

1 有備無患

2 無骨好人

3 因果應報

4 家家戶戶

5 苛斂誅求

6 刻舟求劍

어려우면 뒤쪽의 정답을 봐!

▶ 정답 31쪽

STEP 1

유래 알아보기

小 貪 大 失
작을 소   탐할 탐   큰 대   잃을 실

진나라 혜왕은 부유한 촉나라를 점령하고 싶었지만 워낙 길이 험해서 쉽게 침공하지 못했어. 그래서 꾀를 냈지. 옥으로 커다란 소를 만들어 보석으로 치장한 후, 촉나라의 왕에게 바칠 선물이라는 소문을 퍼뜨린 거야.
이 소문을 들은 촉나라의 왕은 신하들이 말렸지만 백성들을 동원해 보석을 실은 수레가 쉽게 지나가도록 험한 길을 평평하게 만들었어. 그 길을 따라 선물뿐만 아니라 진나라 병사 수만 명도 함께 오는 것도 모른 채 말이야. 결국 촉나라 왕은 포로로 잡히고, 촉나라는 망하게 되었지. 촉나라 왕의 '소탐대실'이 나라를 잃게 만든 거야.

*출전: 춘추 전국 시대 북제 유주의 <신론>

따라 쓰기

小 貪 大 失   小 貪 大 失
작을 소 탐할 탐 큰 대 잃을 실   작을 소 탐할 탐 큰 대 잃을 실

'할아버지(老)는 발이 크다'를 네 글자로 줄이면?

*몹시 노하여 크게 성을 냄.

정답은 ☐ ☐ ☐ ☐ 입니다.

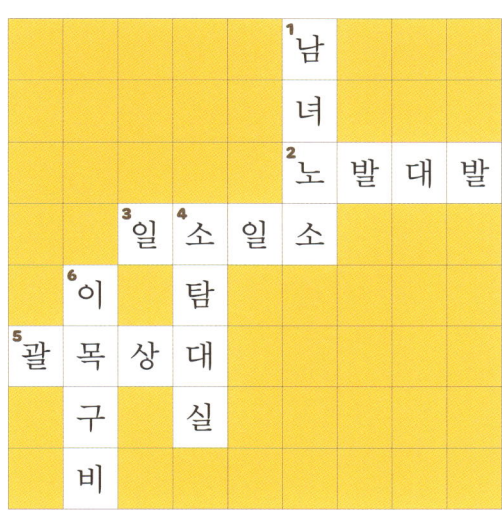

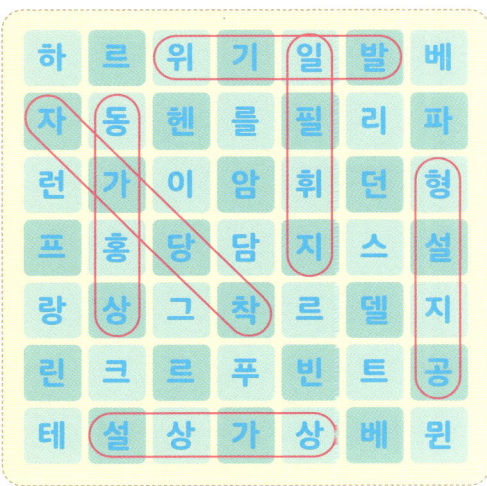

1 유비무환 2 무골호인 3 인과응보 4 가가호호 5 가렴주구 6 각주구검

난센스 퀴즈 노발대발

STEP 1

가로세로 낱말 퍼즐

가로 낱말 풀이

2 '쪽에서 나온 푸른색이 쪽보다 더 푸르다'는 뜻으로, 제자가 스승보다 뛰어나다는 말.
- 예 플라톤은 소크라테스의 ○○○○ 제자였고, 아리스토텔레스는 플라톤의 ○○○○ 제자였어요.
- 漢 青出於藍

4 '백성을 기르는 벼슬아치'라는 뜻으로, 고을의 원님이나 수령을 이르던 말.
- 예 그대는 한 고을의 ○○○○으로서 책임이 막중하거늘, 어찌하여 백성들을 보살피지 않았는가?
- 비 목민관 漢 牧民之官

5 '풀로 묶어 은혜를 갚다'라는 뜻으로, 죽은 뒤에라도 은혜를 잊지 않고 갚는다는 말.
- 예 나의 재능을 키워 주신 선생님께 ○○○○할 거예요. 漢 結草報恩

세로 낱말 풀이

1 '홀로 푸르고 푸르다'는 뜻으로, 남들이 절개를 꺾는다 해도 홀로 절개를 지키겠다는 말.
- 예 봉래산 제일봉에 낙락장송 되었다가 백설이 만건곤할 제 ○○○○하리라. 漢 獨也青青

3 나무에 올라가서 물고기를 구하듯 도저히 불가능한 일을 하려 함.
- 예 하늘의 별을 따 달라고 하는 건 ○○○○나 마찬가지야. 漢 緣木求魚

6 '맺은 사람이 풀어야 한다'는 뜻으로, 자기가 저지른 일은 자기가 해결해야 한다는 말.
- 예 ○○○○의 자세로 네가 잘못한 일은 네가 해결해. 漢 結者解之

📝 공부한 날   월   일

					⁵·⁶결			
¹		³						
		⁴목		지				
²청		어						

▶ 정답 39쪽

가로세로 힌트

獨也靑靑(독야청청) 靑出於藍(청출어람) 緣木求魚(연목구어)
牧民之官(목민지관) 結草報恩(결초보은) 結者解之(결자해지)

STEP 1

숨은 고사성어 찾기

낱말 뜻풀이

1 '뽕나무 밭이 변해 푸른 바다가 된다'는 뜻으로, 세상이 몰라보게 변한 모습을 이르는 말.
　예) 시골 할머니 댁이 아파트숲으로 변해 흔적도 없이 사라져 버렸어. ○○○○가 따로 없었지.
　비) 벽해상전　漢) 桑田碧海

2 '푸른 산과 맑은 물'이라는 뜻으로, 막힘없이 말을 잘할 때 쓰는 말.
　예) ○○○○처럼 말을 잘해서 듣다 보면 시간 가는 줄 모른다니까.　비) 청산우수　漢) 靑山流水

3 '몸과 땅은 둘이 아니고 하나'라는 뜻으로, 자기가 사는 땅에서 나는 것을 먹어야 체질에 잘 맞는다는 말.
　예) 우리 것이 좋은 것이여! 뭐니뭐니해도 ○○○○가 최고지.　漢) 身土不二

4 '장작더미 위에서 잠자고 쓸개를 맛본다'는 뜻으로, 마음먹은 일을 이루고자 온갖 괴로움을 참고 견딘다는 말.
　예) ○○○○은 오나라 왕 부차와 월나라 왕 구천의 일화에서 나온 고사성어야.　漢) 臥薪嘗膽

5 '맑게 갠 하늘에서 치는 날벼락'이란 뜻으로, 예기치 못한 큰 사건이나 이변을 이르는 말.
　예) 손꼽아 기다렸는데 취소라니, 이게 무슨 ○○○○ 같은 소리야!　漢) 靑天霹靂

6 '그루터기를 지켜 토끼를 기다린다'는 뜻으로, 한 가지 일에만 얽매여 발전을 모르는 어리석은 사람을 비유하는 말.
　예) 시대가 변해 가는데 옛날 방식만 고집하다니, 참 ○○○○ 같은 사람이야.　漢) 守株待兔

✏️ 공부한 날   월   일

★ 정답을 찾아 ◯로 묶어 보세요!

도	막	와	신	상	담	히
니	정	흐	나	전	반	라
화	스	리	경	벽	터	수
청	천	벽	력	해	클	주
산	이	엘	스	바	생	대
유	드	흐	상	가	시	토
수	번	신	토	불	이	뷔

▶ 정답 39쪽

찾아보기 힌트

상전벽해(桑田碧海)　청산유수(靑山流水)　신토불이(身土不二)
와신상담(臥薪嘗膽)　청천벽력(靑天霹靂)　수주대토(守株待兔)

STEP 1
고사성어 완성하기

낱말 뜻풀이

1 '학문을 굽혀 세상에 아첨하다'라는 뜻으로, 진실하지 못한 학자의 양심과 태도를 비판하는 말.
　예 존경받던 학자가 ○○○○하는 정치꾼으로 변할 줄이야! 漢 曲學阿世

2 '자기 논에 물 대기'란 뜻으로, 자기에게만 이롭게 되도록 생각하거나 행동한다는 말.
　예 그렇게 ○○○○ 격으로 자기 욕심만 채우니까 너랑 안 노는 거야. 漢 我田引水

3 '반대의 면을 가르쳐 주는 스승'이란 뜻으로, 남의 허물을 통해 교훈을 얻는다는 말.
　예 나는 저렇게 되지 말아야지 하는 사람을 ○○○○로 삼으면 돼. 漢 反面教師

4 '물이 없으면 살 수 없는 물고기와 물의 관계'란 뜻으로, 아주 친밀해서 떨어질 수 없는 사이를 비유함.
　예 삼국지의 유비와 제갈량은 ○○○○에 비유될 정도로 신의가 두터운 사이였어. 漢 水魚之交

5 '되돌려 먹이는 효'란 뜻으로, 부모의 은혜를 갚는 자식의 지극한 효도를 이르는 말.
　예 늙은 어미를 위해 먹이를 물어다준 ○○○○의 새끼 까마귀 이야기. 감동적이야! 漢 反哺之孝

6 '사방에서 들리는 초나라의 노랫소리'란 뜻으로, 누구의 도움도 받을 수 없는 고립된 상태를 이르는 말.
　예 동서남북 사방이 적군에 포위되다니, ○○○○가 따로 없네. 漢 四面楚歌

★ 빠진 자음과 모음을 써넣으면 고사성어 완성!

📝 공부한 날   월   일

1 曲學阿世

| ㄱ | 흑 | ㅏ | ㅅ |

2 我田引水

| ㅏ | 저 | 인 | ㅜ |

3 反面敎師

| 바 | 믄 | ㅛ | ㅏ |

4 水魚之交

| ㅜ | ㅇ | ㅣ | ㅛ |

5 反哺之孝

| 난 | ㅍ | ㅈ | ㅎ |

6 四面楚歌

| ㅅ | 면 | ㅗ | ㅏ |

어려우면 뒤쪽의 정답을 봐!

▶ 정답 39쪽

37

STEP 1

유래 알아보기

靑 出 於 藍
푸를 청   날 출   어조사 어   쪽 람

중국 전국 시대에 순자라는 사상가가 살았어. 그는 사람은 태어날 때부터 악하게 태어나지만 교육을 통해 선한 사람으로 바뀔 수 있다고 생각했지.
"학문을 그만두어서는 안 된다. 푸른색은 쪽에서 나왔으나 쪽빛보다 더 푸르고, 얼음은 물이 얼어서 된 것이지만 물보다 더 차다. 푸른색이 쪽보다 더 푸르고, 얼음이 물보다 더 차갑듯이 학문에 뜻을 두고 계속 공부하다 보면 스승을 뛰어넘는 제자가 나올 수도 있다."
여기서 '제자가 스승보다 뛰어나다'는 뜻의 '청출어람'이란 말이 생겨났어.

*출전: <순자>의 권학 편

따라 쓰기

靑 出 於 藍   靑 出 於 藍
푸를 청 날 출 어조사 어 쪽 람   푸를 청 날 출 어조사 어 쪽 람

스님(중)이 가장 많은 나라는?

* 세계에서 면적이 네 번째로 크고, 인구가 두 번째로 많은 나라. 수도는 베이징. 무술의 성지인 소림사도 있어요.

정답은  입니다.

🔍 정답

① 곡학아세 ② 아전인수 ③ 반면교사 ④ 수어지교 ⑤ 반포지효 ⑥ 사면초가

난센스 퀴즈 중국

| 앞에서 익힌 고사성어를 떠올려 봐!

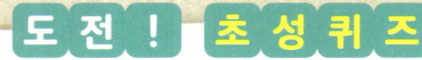

도전! 초성 퀴즈

1 한 번 웃으면 한 번 젊어진다.

ㅇ ㅅ ㅇ ㅅ → ☐☐☐☐

2 작은 것을 탐하다가 큰 것을 잃음.

ㅅ ㅌ ㄷ ㅅ → ☐☐☐☐

3 귀·눈·입·코를 아울러 이르는 말.

ㅇ ㅁ ㄱ ㅂ → ☐☐☐☐

4 반딧불과 하얀 눈의 빛으로 이룬 공.

ㅎ ㅅ ㅈ ㄱ → ☐☐☐☐

5 배에 표시를 새겼다가 칼을 찾는다.

ㄱ ㅈ ㄱ ㄱ → ☐☐☐☐

6 쪽에서 나온 푸른색이 쪽보다 더 푸르다.

ㅊ ㅊ ㅇ ㄹ → ☐☐☐☐

7 맺은 사람이 풀어야 한다.

ㄱ ㅈ ㅎ ㅈ → ☐☐☐☐

8 물과 물고기의 관계.

ㅅ ㅇ ㅈ ㄱ → ☐☐☐☐

9 사방에서 들리는 초나라의 노랫소리.

ㅅ ㅁ ㅊ ㄱ → ☐☐☐☐

10 자기 논에 물 대기.

ㅇ ㅈ ㅇ ㅅ → ☐☐☐☐

도전! 낱말잇기

★ 고사성어 또는 사자성어를 이루는 낱말끼리 이어 보세요!

11 노발 ●	● 홍상
12 설상 ●	● 대발
13 동가 ●	● 가상
14 유비 ●	● 응보
15 인과 ●	● 무환
16 결초 ●	● 구어
17 연목 ●	● 보은
18 상전 ●	● 불이
19 신토 ●	● 벽해
20 청천 ●	● 벽력

정답

1.일소일소 2.소탐대실 3.이목구비 4.형설지공 5.각주구검 6.청출어람
7.결자해지 8.수어지교 9.사면초가 10.아전인수 11.노발대발 12.설상가상
13.동가홍상 14.유비무환 15.인과응보 16.결초보은 17.연목구어 18.상전벽해
19.신토불이 20.청천벽력

41

반의어(反義語)·상대어(相對語)

반의어와 상대어는 뜻이 서로 반대되는 관계에 있는 말이에요.
한 쌍의 말 사이에 서로 공통적인 의미가 있으면서 서로 다른 한 개의 의미 요소가 있어요.

江山	江 강 **강** 山 메 **산**	강과 산.
強弱	強 강할 **강** 弱 약할 **약**	강함과 약함.
古今	古 예 **고** 今 이제 **금**	예전과 지금.
苦樂	苦 쓸 **고** 樂 즐길 **락**	괴로움과 즐거움.
男女	男 사내 **남** 女 계집 **녀(여)**	남자와 여자.
南北	南 남녘 **남** 北 북녘 **북**	남쪽과 북쪽.
內外	內 안 **내** 外 바깥 **외**	안과 바깥.
老少	老 늙을 **로(노)** 少 젊을 **소**	늙은이와 젊은이.
多少	多 많을 **다** 少 적을 **소**	많음과 적음.
東西	東 동녘 **동** 西 서녘 **서**	동쪽과 서쪽.
問答	問 물을 **문** 答 대답할 **답**	묻고 대답함.
父母	父 아비 **부** 母 어미 **모**	아버지와 어머니.
上下	上 위 **상** 下 아래 **하**	위와 아래.
兄弟	兄 형 **형** 弟 아우 **제**	형과 아우.
生死	生 날 **생** 死 죽을 **사**	삶과 죽음.
心身	心 마음 **심** 身 몸 **신**	마음과 몸.
遠近	遠 멀 **원** 近 가까울 **근**	멀고 가까움.
日月	日 날 **일** 月 달 **월**	해와 달.
昨今	昨 어제 **작** 今 이제 **금**	어제와 오늘.
長短	長 긴 **장** 短 짧을 **단**	길고 짧음.
前後	前 앞 **전** 後 뒤 **후**	앞과 뒤.
朝夕	朝 아침 **조** 夕 저녁 **석**	아침과 저녁.
祖孫	祖 할아비 **조** 孫 손자 **손**	조부모와 손주.
左右	左 왼쪽 **좌** 右 오른쪽 **우**	왼쪽과 오른쪽.
晝夜	晝 낮 **주** 夜 밤 **야**	낮과 밤.
天地	天 하늘 **천** 地 땅 **지**	하늘과 땅.
春秋	春 봄 **춘** 秋 가을 **추**	봄과 가을.
出入	出 날 **출** 入 들 **입**	나가고 들어옴.

2단계

고사성어·사자성어와 함께하는

낱말 퍼즐·낱말 게임

문해력 쑥쑥! 배경지식 탄탄!

STEP 2

가로세로 낱말 퍼즐

가로 낱말 풀이

2 처지를 바꾸어서 생각함.
   예 ○○○○의 마음으로 이해해 봐요. 漢 易地思之

4 하늘이 정해 준 인연.
   예 우리 엄마 아빠는 ○○○○이라는 말을 자주 듣는대. 漢 天生緣分

6 같은 일이 한두 번이 아니고 많음.
   예 요즘은 학용품을 잃어버려도 찾지 않는 학생들이 ○○○○하다고 해요. 漢 非一非再

세로 낱말 풀이

1 '다른 산의 돌'이라는 뜻으로, 남의 말이나 행동도 자신의 지식과 인격을 수양하는 데 도움이 된다는 말.
   예 친구의 실수를 ○○○○ 삼아 조심해야지! 漢 他山之石

3 종이와 붓과 벼루와 먹을 아울러 이르는 말.
   예 '서방색'은 조선 시대에 임금에게 ○○○○을 올리는 일을 맡아 보던 부서래요. 비 문방사우
   漢 紙筆硯墨

5 '하늘은 높고 말은 살찐다'란 뜻으로, 가을철을 이르는 말.
   예 온갖 곡식이 익는 풍성한 가을을 ○○○○의 계절이라고 해요. 漢 天高馬肥

📝 공부한 날   월   일

				¹
	²	³ 지		지
⁴·⁵ 천		연		
⁶ 비				

▶ 정답 51쪽

가로세로 힌트

他山之石(타산지석)　易地思之(역지사지)　紙筆硯墨(지필연묵)
天生緣分(천생연분)　天高馬肥(천고마비)　非一非再(비일비재)

STEP 2

숨은 고사성어 찾기

낱말 뜻풀이

1 '작은 바늘을 큰 몽둥이라고 한다'는 뜻으로, 작은 것을 크게 부풀린다는 말.
　예 별일 아닌 것을 ○○○○해 놀라게 하다니! 漢 針小棒大

2 '파도와 물결의 높이가 만 길이나 된다'는 뜻으로, 인생을 살아가는 데 시련이 많고 변화가 심함을 이르는 말.
　예 다산 정약용만큼 ○○○○한 삶을 살고 많은 업적을 남긴 분도 드물 거야. 漢 波瀾萬丈

3 오직 책 읽는 데에만 골몰함.
　예 ○○○○에 빠져 시간이 가는 줄 몰랐어. 漢 讀書三昧

4 '얼굴이 깨질 정도로 크게 웃는다'는 뜻으로, 매우 즐거운 표정으로 한바탕 크게 웃는 것을 비유한 말.
　예 유치원 재롱잔치에 온 엄마·아빠가 ○○○○하며 즐거워해요. 비 파안일소 漢 破顔大笑

5 무슨 일이든 자기 마음대로 혼자서 처리하는 사람.
　예 우리 반에도 ○○○○으로 설쳐 대는 친구가 있어 피하게 돼. 漢 獨不將軍

6 '유비가 제갈량의 초가집에 세 번이나 찾아갔다'는 데서 유래한 말로, 뛰어난 인재를 얻으려면 정성을 다해야 한다는 말.
　예 인기 스타를 모셔오려면 ○○○○라도 해야지. 漢 三顧草廬

📝 공부한 날   월   일

★ 정답을 찾아 ⬬로 묶어 보세요!

독	불	장	군	피	첼	비
서	로	올	삼	고	초	려
삼	아	니	트	팀	침	콜
매	플	넷	리	베	소	노
콘	호	라	드	클	봉	럼
른	펫	루	파	안	대	소
파	란	만	장	본	스	이

▶ 정답 51쪽

찾아보기 힌트

침소봉대(針小棒大) 파란만장(波瀾萬丈) 독서삼매(讀書三昧)
파안대소(破顔大笑) 독불장군(獨不將軍) 삼고초려(三顧草廬)

STEP 2
고사성어 완성하기

낱말 뜻풀이

1 거친 바람과 화난 파도.
   예 어린이에서 성인으로 성장하는 청소년기를 ○○○○의 시기라고 해요. 漢 疾風怒濤

2 몹시 마음을 쓰며 애를 태움.
   예 거짓말이 탄로날까 봐 ○○○○했어요. 漢 勞心焦思

3 '사방을 돌아봐도 친한 사람이 없다'는 뜻으로, 의지할 데가 없어 외로운 상태를 가리키는 말.
   예 사고로 가족을 잃고 졸지에 ○○○○이 된 친구가 너무 불쌍해요. 漢 四顧無親

4 '아버지와 아들 사이에는 친함이 있다'는 뜻으로 유교에서 강조하는 오륜의 하나.
   예 아빠와 함께 ○○○○ 프로그램에서 케이크도 만들며 더욱 친해졌어요. 漢 父子有親

5 시작한 일을 끝까지 잘하여 끝맺음이 좋음을 이르는 말.
   예 우리가 목표한 대로 ○○○○를 거두게 되어서 참 기뻐. 漢 有終之美

6 '주머니 속의 송곳'이란 뜻으로, 재능이 뛰어난 사람은 숨어 있어도 저절로 남의 눈에 띄게 된다는 말.
   예 뛰어난 재능은 ○○○○처럼 언젠가 빛을 발할 거야. 漢 囊中之錐

★ 빠진 자음과 모음을 써넣으면 고사성어 완성!

1 疾風怒濤 | 즐 | ㅎ | ㄴ | ㅗ |

2 勞心焦思 | ㄴ | ㅅㅣ | ㅊ | ㅅ |

3 四顧無親 | ㅏ | ㄱ | ㅜ | 치 |

4 父子有親 | ㅜ | ㅈ | ㅠ | ㅊ |

5 有終之美 | ㅇ | 조 | ㅈ | ㅁ |

6 囊中之錐 | 낭 | 중 | ㅈ | ㅜ |

어려우면 뒤쪽의 정답을 봐!

▶ 정답 51쪽

49

STEP 2

유래 알아보기

他 山 之 石
다를 타   메(뫼) 산   갈 지   돌 석

<시경>의 '학명'이라는 시에 이런 구절이 있어.
'다른 산의 거친 돌이라도 옥을 가는 데 소용이 된다.'
다른 산의 쓸모없는 돌멩이라도 가져다가 자기 옥을 가는 숫돌로 사용할 수 있다는 말이야. 여기서 돌멩이는 소인을 뜻하고, 옥은 군자를 뜻해. 소인의 하찮은 말과 행동도 군자가 마음을 수행하고 덕을 쌓는 데 도움이 된다는 이야기지.
여기서 '타산지석'이란 고사성어가 생겨났어.

*출전: <시경>의 소아 편

따라 쓰기

 깔깔 고사성어 난센스 퀴즈

하늘에 고약한 짓을 하면 온몸이 마비된다는 말은?

＊'하늘은 높고 말은 살찐다'란 뜻으로, 가을은 날씨가 좋은 계절임을 이르는 말.

정답은 ☐☐☐☐ 입니다.

정답

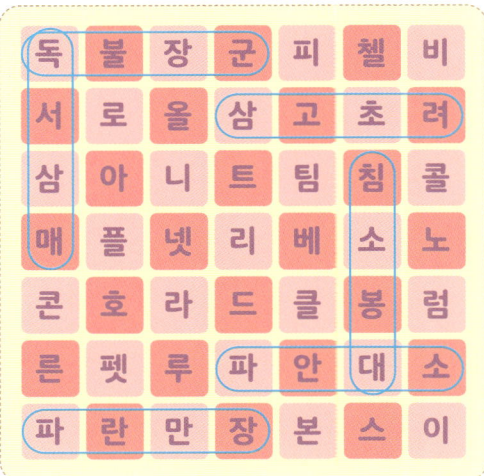

1 질풍노도 2 노심초사 3 사고무친 4 부자유친 5 유종지미 6 낭중지추

난센스 퀴즈   천고마비

STEP 2

가로세로 낱말 퍼즐

가로 낱말 풀이

2 자기가 한 일에 대해 스스로 미흡하게 여기는 마음.
   예 '나는 못난이'라며 ○○○○을 갖는 것은 어리석은 생각이에요. 漢 自激之心

4 '쓴 것이 다하면 단 것이 온다'는 뜻으로, 고생 끝에 즐거움이 옴을 이르는 말.
   예 힘들 때마다 ○○○○라는 말을 생각하며 연습해 금메달을 땄대요. 漢 苦盡甘來

6 성인과 군자를 아울러 이르는 말.
   예 우리 아빠는 ○○○○ 같다는 말을 자주 들어. 漢 聖人君子

세로 낱말 풀이

1 '마음에서 마음으로 전한다'는 뜻으로, 말하지 않아도 서로 뜻이 통함을 이르는 말.
   예 엄마와 아빠는 ○○○○ 서로 마음이 잘 통하는 사이래요. 漢 以心傳心

3 다른 세상을 만난 것처럼 몹시 달라진 느낌.
   예 엄마는 요즘 아이들을 보면 ○○○○을 느낀대요. 漢 隔世之感

5 푸짐하게 잘 차린 맛있는 음식.
   예 비록 컵라면에 단무지뿐이지만 배고프니 ○○○○이나 다름없어. 漢 珍羞盛饌

📝 공부한 날   월   일

				¹
	²	³ 격		심
⁴	⁵ 진			
	⁶ 성			

▶ 정답 59쪽

가로세로 힌트

以心傳心(이심전심) 自激之心(자격지심) 隔世之感(격세지감)
苦盡甘來(고진감래) 珍羞盛饌(진수성찬) 聖人君子(성인군자)

STEP 2

숨은 고사성어 찾기

낱말 뜻풀이

1 '들어갈수록 점점 좋은 상황'이란 뜻이지만, 하는 짓이 갈수록 꼴불견일 때도 쓰는 말.
   - 예 여당과 야당의 갈등이 심해져 ○○○○으로 치닫고 있어요. 漢 漸入佳境

2 번개나 부싯돌의 불이 번쩍이는 것처럼 극히 짧은 순간.
   - 예 '인간 탄환'이라 불리는 육상 선수 우사인 볼트의 ○○○○ 같은 속도의 비밀을 알고 싶다.
   漢 電光石火

3 종이, 붓, 벼루, 먹의 네 가지 문방구.
   - 예 옛 선비들이 늘 곁에 두고 가깝게 지내던 네 벗은? ○○○○ 비 지필연묵 漢 文房四友

4 대대로 이어 내려오는 자손.
   - 예 후손들에게 ○○○○ 물려줘야 할 소중한 우리 문화유산! 비 자손만대 漢 代代孫孫

5 '고래 싸움에 새우 등 터진다'는 뜻으로, 강한 자들의 싸움에 아무 관계도 없는 약한 자가 해를 입는다는 말.
   - 예 '고래 싸움에 새우 등 터진다'라는 속담을 사자성어로 하면 ○○○○예요. 漢 鯨戰蝦死

6 문 앞에서 쫓아낼 듯 인정 없이 모질게 대함.
   - 예 세 번이나 ○○○○ 당하고도 또 간다니, 자존심도 없나 봐. 漢 門前薄待

★ 정답을 찾아 ◯로 묶어 보세요!

거	태	문	생	세	구	경
전	금	방	전	아	소	전
광	쟁	사	피	박	통	하
석	북	우	고	황	대	사
화	쨍	편	가	리	대	징
야	해	양	평	문	손	과
점	입	가	경	리	손	장

▶ 정답 59쪽

찾아보기 힌트

점입가경(漸入佳境)　전광석화(電光石火)　문방사우(文房四友)
대대손손(代代孫孫)　경전하사(鯨戰蝦死)　문전박대(門前薄待)

55

STEP 2

고사성어 완성하기

낱말 뜻풀이

1 서너 명이나 대여섯 명이 떼를 지어 다니는 모양.
  예) 학교 건물 앞 계단은 ○○○○ 모여 앉아 대화 나누기 좋은 장소예요. 漢) 三三五五

2 '내 코가 석 자'란 뜻으로, 내 사정이 급해서 남을 돌볼 겨를이 없다는 말.
  예) 도와주고 싶지만 지금 내 상황도 ○○○○이라 미안해. 漢) 吾鼻三尺

3 '백 자나 되는 높은 장대 위에 올라섰다'는 뜻으로, 매우 위태롭고 어려운 지경을 이르는 말.
  예) 나라의 운명이 ○○○○에 섰는데 임금이 백성을 버리고 도망가다니! 漢) 百尺竿頭

4 '황허강이 맑아지기를 백 년 동안 기다린다'는 데서 유래한 말로, 아무리 오랜 시간을 기다려도 이루어지기 어렵다는 말.
  예) 부탁한 지 1년이 넘었는데, ○○○○이라 포기해야겠어. 漢) 百年河淸

5 길거리에 떠돌아다니는 뜬소문.
  예) 아유, ○○○○만 믿고 계약하면 어떡해? 비) 가담항설 漢) 道聽塗說

6 '고양이 목에 방울 달기'란 뜻으로, 실행되지 못할 헛된 논의를 이르는 말.
  예) ○○○○이란 말처럼 아무리 좋은 생각도 행동으로 옮기지 않으면 소용없어.
  비) 묘항현령 漢) 猫頭懸鈴

★ 빠진 자음과 모음을 써넣으면 고사성어 완성!

1 三三五五   삼 | 사 | ㅇ | ㅗ

2 吾鼻三尺   ㅇ | ㅂ | 삼 | 척

3 百尺竿頭   배 | 척 | 간 | ㅜ

4 百年河淸   ㅂ | 년 | ㅎ | 쳐

5 道聽塗說   ㅗ | 청 | ㄷ | 설

6 猫頭懸鈴   ㅁ | ㅜ | 혀 | 렁

어려우면 뒤쪽의 정답을 봐!

▶ 정답 59쪽

STEP 2

유래 알아보기

以 心 傳 心
써 이 　마음 심 　전할 전 　마음 심

어느 날, 석가모니(부처)가 제자들을 영취산에 불러 모았어. 제자들이 다 모였는데도 한동안 아무 말이 없던 석가는 연꽃 한 송이를 집어 들고는 살며시 비틀어 보였지. 제자들은 석가모니가 왜 그런 행동을 하는지 알 수 없어 눈만 끔벅였어. 하지만 가섭만은 그 뜻을 깨닫고 빙그레 웃었지.
"내가 마음으로 전하는 뜻을 너만 알고 있구나. 내 진리를 너에게 주마."
석가모니는 이렇게 이심전심으로 제자들에게 불법을 전했다고 해.
'이심전심'은 말이나 글이 아닌 마음과 마음으로 했다고 한 데서 유래한 거야.

*출전: 불교 서적 <전등록>

따라 쓰기

以	心	傳	心	以	心	傳	心
써 이	마음 심	전할 전	마음 심	써 이	마음 심	전할 전	마음 심

고생을 진탕 하고 나면 감기몸살 온다는 말은?

* '쓴 것이 다하면 단 것이 온다'는 뜻으로, 고생 끝에 즐거움이 옴을 이르는 말.

정답은     입니다.

정답

1 삼삼오오 2 오비삼척 3 백척간두 4 백년하청 5 도청도설 6 묘두현령

난센스 퀴즈 고진감래

앞에서 익힌 고사성어를 떠올려 봐!

도전! 초성퀴즈

1. 다른 산의 돌.
   ㅌ ㅅ ㅈ ㅅ → ☐☐☐☐

2. 하늘은 높고 말은 살찐다.
   ㅊ ㄱ ㅁ ㅂ → ☐☐☐☐

3. 같은 일이 한두 번이 아니고 많음.
   ㅂ ㅇ ㅂ ㅈ → ☐☐☐☐

4. 무슨 일이든 자기 마음대로 혼자서 처리하는 사람.
   ㄷ ㅂ ㅈ ㄱ → ☐☐☐☐

5. 유비가 제갈량의 초가집에 세 번이나 찾아감.
   ㅅ ㄱ ㅊ ㄹ → ☐☐☐☐

6. 주머니 속의 송곳.
   ㄴ ㅈ ㅈ ㅊ → ☐☐☐☐

7. 쓴 것이 다하면 단 것이 온다.
   ㄱ ㅈ ㄱ ㄹ → ☐☐☐☐

8. 마음에서 마음으로 전한다.
   ㅇ ㅅ ㅈ ㅅ → ☐☐☐☐

9. 종이, 붓, 벼루, 먹의 네 가지 문방구.
   ㅁ ㅂ ㅅ ㅇ → ☐☐☐☐

10. 황허강이 맑아지기를 백 년 동안 기다린다.
    ㅂ ㄴ ㅎ ㅊ → ☐☐☐☐

알맞게 이어 보자!

도전! 낱말잇기

★ 고사성어 또는 사자성어를 이루는 낱말끼리 이어 보세요!

11 역지 ●　　　　　　　● 삼매

12 천생 ●　　　　　　　● 연분

13 독서 ●　　　　　　　● 사지

14 노심 ●　　　　　　　● 유친

15 부자 ●　　　　　　　● 초사

16 자격 ●　　　　　　　● 지심

17 진수 ●　　　　　　　● 손손

18 전광 ●　　　　　　　● 석화

19 대대 ●　　　　　　　● 성찬

20 삼삼 ●　　　　　　　● 오오

정답
1.타산지석 2.천고마비 3.비일비재 4.독불장군 5.삼고초려 6.낭중지추
7.고진감래 8.이심전심 9.문방사우 10.백년하청 11.역지사지 12.천생연분
13.독서삼매 14.노심초사 15.부자유친 16.자격지심 17.진수성찬 18.전광석화
19.대대손손 20.삼삼오오

STEP 2

가로세로 낱말 퍼즐

가로 낱말 풀이

1 '비단 위에 꽃을 보탠다'는 뜻으로, 좋은 일에 좋은 일이 겹쳐져 더욱 좋게 된다는 말.
  예) 생일 선물에 용돈까지 두둑히 받고 ○○○○가 따로 없네.　漢) 錦上添花

3 보통 사람들이 가질 수 있는 마음.
  예) 불쌍한 사람을 보면 도와주고 싶은 마음이 드는 것이 ○○○○이죠.　漢) 人之常情

6 '티끌을 쌓아 산을 이룬다'는 뜻으로, 적은 것도 쌓이면 크게 되거나 많아짐.
  예) '티끌 모아 태산'이라는 속담과 비슷한 뜻의 사자성어가 ○○○○이에요.　漢) 積塵成山

세로 낱말 풀이

2 '용 그림을 그린 뒤 눈동자에 점을 찍어 완성시킨다'는 뜻으로, 어떤 일을 할 때 가장 중요한 부분을 완성함.
  예) 운동회의 ○○○○은 뭐니 뭐니 해도 마지막 경기인 이어달리기지!　漢) 畫龍點睛

4 '사람이 산을 이루고 바다를 이루었다'는 뜻으로, 사람이 수없이 많이 모인 상태를 가리키는 말.
  예) 벚꽃 구경을 나온 사람들로 공원이 ○○○○를 이루었어요.　漢) 人山人海

5 서로 서로 도움.
  예) 우리의 대표적인 ○○○○ 전통으로는 계, 두레, 품앗이, 향약 등이 있어요.　漢) 相扶相助

📝 공부한 날   월   일

▶ 정답 69쪽

크로스워드 퍼즐:
- 2: 화
- 3·4: 인 / 산
- 5: 상 정

가로세로 힌트

錦上添花(금상첨화) 畵龍點睛(화룡점정) 人之常情(인지상정)
人山人海(인산인해) 相扶相助(상부상조) 積塵成山(적진성산)

STEP 2
숨은 고사성어 찾기

낱말 뜻풀이

1 어떤 일을 하기에 아직 때가 이름.
  예) 초등학생에게 고등수학 선행 학습이라니, ○○○○ 아닌가요? 漢) 時機尙早

2 '오른쪽으로 갔다 왼쪽으로 갔다 한다'는 뜻으로, 갈팡질팡하는 모양을 이르는 말.
  예) 이 말 저 말 듣고 ○○○○하지 말고 네 소신대로 해. 漢) 右往左往

3 손짓해 부를 만큼 가까운 거리.
  예) ○○○○에 산다고 해서 자주 만나는 건 아니죠. 비) 지호간 漢) 指呼之間

4 옳은 것은 옳다고 하고 그른 것은 그르다고 함.
  예) 궁궐 지킴이 해태는 ○○○○를 판단해 안다는 상상의 동물이야. 漢) 是是非非

5 제왕과 제후, 장수와 재상을 아울러 이르는 말.
  예) 아무리 ○○○○이라 해도 영원할 수는 없어. 漢) 王侯將相

6 '새 발의 피'라는 뜻으로, 극히 적은 분량을 이르는 말.
  예) 언니는 만원인데 나는 천원, ○○○○ 같은 용돈 좀 올려 주세요! 漢) 鳥足之血

📝 공부한 날   월   일

★ 정답을 찾아 ◯로 묶어 보세요!

테	카	프	소	랄	알	지
라	시	시	비	비	조	호
토	기	리	우	소	톤	지
니	상	운	왕	토	콘	간
노	조	베	좌	후	프	너
메	터	트	왕	스	장	이
조	족	지	혈	라	바	상

▶ 정답 69쪽

찾아보기 힌트

시기상조(時機尙早) 우왕좌왕(右往左往) 지호지간(指呼之間)
시시비비(是是非非) 왕후장상(王侯將相) 조족지혈(鳥足之血)

STEP 2

고사성어 완성하기

낱말 뜻풀이

1 '달면 삼키고 쓰면 뱉는다'는 뜻으로, 자기 비위에 맞으면 좋아하고 맞지 않으면 싫어한다는 말.

　예 ○○○○ 식으로 행동하면 친구들의 믿음을 잃지요.　漢 甘吞苦吐

2 옛것을 익히고 미루어 새것을 앎.

　예 국악에 K-pop을 접목시켜 대중화한 ○○○○ 퓨전 밴드가 인기예요.　漢 溫故知新

3 반쯤은 믿고 반쯤은 의심함.

　예 과연 우승할 수 있을까? ○○○○했는데 응원하던 팀이 이겨서 기뻐요.　비 차신차의　漢 半信半疑

4 '연두저고리에 다홍치마'라는 뜻으로, 옛날 신부의 예복으로 주로 쓰임.

　예 하얀 웨딩드레스와 ○○○○ 한복은 신부를 상징하는 옷이에요.　漢 綠衣紅裳

5 '위도 없고 아래도 없다'는 뜻으로, 더 낫고 못함의 차이가 거의 없음을 이르는 말.

　예 둘의 실력이 ○○○○라 누가 이길지 예상하기 어려워.　비 난형난제　漢 莫上莫下

6 '윗물이 흐리면 아랫물도 깨끗하지 못하다'는 뜻으로, 윗사람이 부패하면 아랫사람도 부패한다는 말.

　예 공직자라면 누구나 반면교사로 삼아야 할 문구로 ○○○○○을 추천합니다!　漢 上濁下不淨

공부한 날 월 일

★ 빠진 자음과 모음을 써넣으면 고사성어 완성!

1 甘呑苦吐	ㅏㅁ	타	ㅗ	ㅗ	
2 溫故知新	오	ㄱ	ㅈ	ㅣㄴ	
3 半信半疑	ㅂㄴ	시	바	ㅢ	
4 綠衣紅裳	노	ㅢ	호	ㅅㅇ	
5 莫上莫下	ㅏㄱ	ㅅㅇ	마	ㅎ	
6 上濁下不淨	사	타	ㅎ	ㅜ	ㅈㅇ

어려우면 뒤쪽의 정답을 봐!

▶ 정답 69쪽

STEP 2

유래 알아보기

畫 龍 點 睛
그림 화 　 용 룡 　 점찍을 점 　 눈동자 정

남북조 시대 양나라에 장승요라는 유명한 화가가 있었어. 그는 금릉에 있는 안락사 벽에 용 두 마리를 그렸는데 눈동자를 그려 넣지 않았어. 주지 스님이 왜 눈동자를 그리지 않았느냐고 묻자 눈동자를 그리면 용이 하늘로 날아가 버리기 때문이라고 답했지.
그래도 눈을 그려 달라고 하자 장승요는 붓을 들어 용 한 마리에만 눈동자를 그려 넣었어. 그러자 갑자기 천둥 번개가 치고 비바람이 휘몰아치면서 벽이 갈라지더니 용이 구름을 타고 하늘로 올라가 버렸어.
눈동자를 그리지 않은 용은 그대로 남았다는 이야기에서 '화룡점정'이라는 고사성어가 생겨난 거야.

*출전: <수형기>

따라 쓰기

畫	龍	點	睛	畫	龍	點	睛
그림 화	용 룡	점찍을 점	눈동자 정	그림 화	용 룡	점찍을 점	눈동자 정

걱정이 많은 사람이 오르는 산은?

＊엄청 크고 높은 산. <속담> 티끌 모아 ○○ <관용구> 걱정이 ○○이다.

정답은 ☐ ☐ 입니다.

정답

1 감탄고토   2 온고지신   3 반신반의   4 녹의홍상   5 막상막하   6 상탁하부정

난센스 퀴즈 태산

STEP 2

가로세로 낱말 퍼즐

가로 낱말 풀이

2 '대나무로 만든 말을 타고 놀던 옛 친구'라는 뜻으로, 어릴 때부터 가까이 지내며 자란 벗을 이르는 말.
　　예 권율 장군의 사위이기도 한 오성 이항복의 ○○○○는 한음 이덕형이에요. 漢 竹馬故友

4 출세하여 세상에 이름을 떨침.
　　예 엄마는 내가 ○○○○해서 유명해지면 좋겠대요. 비 입신출세 漢 立身揚名

6 '자기가 그린 그림을 스스로 칭찬한다'는 뜻으로, 자기가 한 일을 스스로 자랑함을 이르는 말.
　　예 지나치게 ○○○○을 늘어놓는 친구랑 있으면 엄청 피곤해. 漢 自畫自讚

세로 낱말 풀이

1 '비가 온 뒤에 여기저기 많이 솟는 죽순'이란 뜻으로, 어떤 일이 한때에 많이 생겨남을 이르는 말.
　　예 우리 동네에 카페가 ○○○○으로 생겨나고 있어요. 漢 雨後竹筍

3 벗을 사귈 때 믿음으로써 함.
　　예 신라의 화랑이 지켜야 할 다섯 가지 덕목은 '사군이충, 사친이효, ○○○○, 임전무퇴, 살생유택'이에요. 漢 交友以信

5 '불을 보는 것같이 밝게 보인다'는 뜻으로, 의심할 여지없이 매우 분명하다는 말.
　　예 이처럼 증거가 ○○○○한데 발뺌을 하다니! 漢 明若觀火

📝 공부한 날   월   일

크로스워드 퍼즐 (칸에 이미 들어있는 글자):
- 2가로 첫 칸: 죽
- 3세로 중간: 우
- 4가로 중간: 신
- 5세로 첫 칸: 명
- 6가로 중간: 화

가로세로 힌트

雨後竹筍(우후죽순)　竹馬故友(죽마고우)　交友以信(교우이신)

立身揚名(입신양명)　明若觀火(명약관화)　自畵自讚(자화자찬)

STEP 2

숨은 고사성어 찾기

낱말 뜻풀이

1 '아침에 세 개, 저녁에 네 개'란 뜻으로, 간사한 꾀를 써서 남을 속인다는 말.
   예 1+1이나, 50% 할인이나 어차피 똑같은 ○○○○야. 漢 朝三暮四

2 이 날이니 저 날이니 하며 자꾸 약속을 미루는 모양.
   예 설날에 맡긴 세뱃돈을 돌려준다고 해놓고 ○○○○ 시간만 끄는 우리 엄마. 漢 此日彼日

3 '마음씨가 너그럽고 좋은 선생'이란 뜻으로, 남의 말에 무조건 옳다고 하는 선생을 이르는 말.
   예 중국의 사마휘는 이래도 좋고 저래도 좋다고 해서 별명이 ○○○○이었대요. 漢 好好先生

4 '한 개의 돌을 던져 두 마리의 새를 잡는다'는 뜻으로, 한 번에 두 가지 이익을 얻는다는 말.
   예 고사성어 낱말 퍼즐도 풀고 배경지식도 쌓고 ○○○○네. 비 일거양득 漢 一石二鳥

5 심부름을 가서 오지 않거나 늦게 온 사람을 이르는 말.
   예 두부 사러 간 지가 언제인데, ○○○○네. 漢 咸興差使

6 '호랑이는 죽어서 가죽을 남긴다'는 뜻으로, 사람도 죽으면 이름을 남겨야 함을 이르는 말.
   예 옛말에 '○○○○ 인사유명'이라 했거늘 어찌 부끄러운 일을 하겠는가? 漢 虎死留皮

★ 정답을 찾아 ◯로 묶어 보세요!

📝 공부한 날   월   일

플	호	호	선	생	겔	데
트	사	한	조	키	카	니
체	유	라	케	삼	르	헤
일	피	르	함	고	모	칸
석	트	아	흥	테	르	사
이	소	나	차	일	피	일
조	톤	라	사	크	렌	스

▶ 정답 77쪽

찾아보기 힌트

조삼모사(朝三暮四) 차일피일(此日彼日) 호호선생(好好先生)
일석이조(一石二鳥) 함흥차사(咸興差使) 호사유피(虎死留皮)

STEP 2
고사성어 완성하기

낱말 뜻풀이

1 '쇠귀에 경 읽기'란 뜻으로, 아무리 가르쳐도 알아듣지 못함을 이르는 말.

예 아무리 설명해도 모르겠다니, ○○○○이나 다름없네. 비 우이송경 漢 牛耳讀經

2 경솔하게 함부로 행동함.

예 옥포 해전을 앞두고 이순신 장군은 '○○○○하지 말고 태산같이 무겁게 침착하라.'고 말했어요. 漢 輕擧妄動

3 사실 그대로 고함.

예 네가 지은 죄를 어서 ○○○○하렷! 漢 以實直告

4 깊이 잘 생각함.

예 이건 중요한 거니까 대충 생각하지 말고 ○○○○해서 결정하기 바라. 漢 深思熟考

5 사서와 삼경. 논어, 맹자, 중용, 대학의 네 경전과 시경, 서경, 주역 세 경서를 이르는 말.

예 천자문이 어린이의 필독서라면, ○○○○은 조선 시대 선비들의 필독서였어요. 漢 四書三經

6 마음먹은 일이 사흘을 가지 못함.

예 새해가 되면 게임을 끊겠다고 결심하지만, 늘 ○○○○로 끝나고 말아요. 漢 作心三日

📝 공부한 날   월   일

★ 빠진 자음과 모음을 써넣으면 고사성어 완성!

1 牛耳讀經

2 輕擧妄動

3 以實直告

4 深思熟考

5 四書三經

6 作心三日

어려우면 뒤쪽의 정답을 봐!

▶ 정답 77쪽

STEP 2

유래 알아보기

朝 三 暮 四
아침 조 　 석 삼 　 저물 모 　 넉 사

송나라의 저공은 원숭이를 무척 좋아했어. 그러다 보니 원숭이의 수가 점점 늘어나 먹이인 도토리를 구하기가 힘들어졌지. 저공은 고민 끝에 먹이를 줄이기로 하고 원숭이에게 물었어.
"이제부터는 도토리를 아침에 세 개, 저녁에 네 개씩 주려고 하는데 어떻겠니?"
그러자 원숭이들이 너무 적다면서 화를 냈어.
저공은 꾀를 내어 다시 물었어.
"그럼 아침에 네 개, 저녁에 세 개를 주면 어떻겠니?"
이에 원숭이들은 모두 기뻐했다고 해.
여기서 '조삼모사'라는 고사성어가 생겨난 거야.

*출전: <열자>의 황제 편

따라 쓰기

깔깔 고사성어 난센스 퀴즈

무슨 일이든지 언제나 뒤로 미루기만 하는 사람들이 하는 일은?

* 이 날이니 저 날이니 하며 자꾸 약속한 때를 미루는 모양.

정답은    입니다.

정답

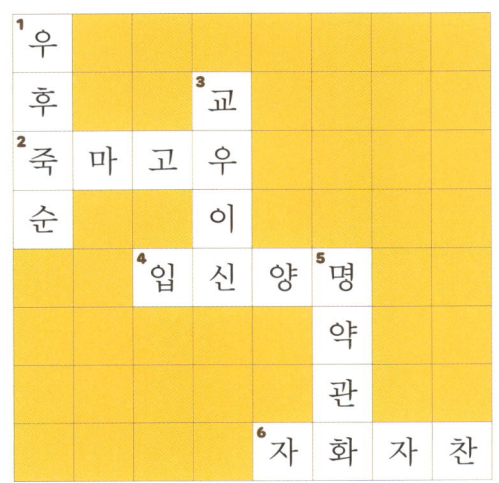

1. 우이독경 2. 경거망동 3. 이실직고 4. 심사숙고 5. 사서삼경 6. 작심삼일

난센스 퀴즈 차일피일

앞에서 익힌 고사성어를 떠올려 봐!

도전! 초성퀴즈

1. 보통 사람들이 가질 수 있는 마음.
   ㅇ ㅈ ㅅ ㅈ → ☐ ☐ ☐ ☐

2. 어떤 일을 하기에 아직 때가 이름.
   ㅅ ㄱ ㅅ ㅈ → ☐ ☐ ☐ ☐

3. 옛것을 익히고 미루어 새것을 앎.
   ㅇ ㄱ ㅈ ㅅ → ☐ ☐ ☐ ☐

4. 윗물이 흐리면 아랫물도 깨끗하지 못하다.
   ㅅ ㅌ ㅎ ㅂ ㅈ → ☐ ☐ ☐ ☐ ☐

5. 반쯤은 믿고 반쯤은 의심함.
   ㅂ ㅅ ㅂ ㅇ → ☐ ☐ ☐ ☐

6. 아침에 세 개, 저녁에 네 개.
   ㅈ ㅅ ㅁ ㅅ → ☐ ☐ ☐ ☐

7. 한 개의 돌을 던져 두 마리의 새를 잡는다.
   ㅇ ㅅ ㅇ ㅈ → ☐ ☐ ☐ ☐

8. 출세하여 세상에 이름을 떨침.
   ㅇ ㅅ ㅇ ㅁ → ☐ ☐ ☐ ☐

9. 벗을 사귈 때 믿음으로써 함.
   ㄱ ㅇ ㅇ ㅅ → ☐ ☐ ☐ ☐

10. 깊이 잘 생각함.
    ㅅ ㅅ ㅅ ㄱ → ☐ ☐ ☐ ☐

| 알맞게 이어 보자!

도전! 낱말잇기

★ 고사성어 또는 사자성어를 이루는 낱말끼리 이어 보세요!

- 11 상부 ●　　　　● 막하
- 12 인산 ●　　　　● 상조
- 13 우왕 ●　　　　● 인해
- 14 시시 ●　　　　● 좌왕
- 15 막상 ●　　　　● 비비

- 16 죽마 ●　　　　● 고우
- 17 자화 ●　　　　● 망동
- 18 작심 ●　　　　● 삼일
- 19 경거 ●　　　　● 자찬
- 20 이실 ●　　　　● 직고

 정답

1.인지상정 2.시기상조 3.온고지신 4.상탁하부정 5.반신반의 6.조삼모사
7.일석이조 8.입신양명 9.교우이신 10.심사숙고 11.상부상조 12.인산인해
13.우왕좌왕 14.시시비비 15.막상막하 16.죽마고우 17.자화자찬 18.작심삼일
19.경거망동 20.이실직고

동음 이의어(同音異義語)

<u>읽는 소리는 같으나 뜻이 다른 말을 '동음 이의어'</u>라고 합니다.

고대	苦待	몹시 기다림.	古代	옛날. 옛 시대.
고목	古木	오래 묵은 나무.	高木	높이 자란 나무.
공석	公席	공적인 자리.	空席	빈 자리.
과목	科目	교과를 구분하는 단위.	果木	과일이 열리는 나무.
교장	校長	한 학교의 최고 책임자.	敎場	교육하는 장소.
교훈	校訓	학교의 교육 목표.	敎訓	가르치고 이끌어 줌.
국가	國家	나라.	國歌	나라를 상징하는 노래.
시장	市長	한 시의 우두머리.	市場	물건을 사고파는 곳.
인명	人名	사람의 이름.	人命	사람의 목숨.
입장	立場	처지.	入場	정해진 장소로 들어감.
자신	自信	자기의 능력을 굳게 믿음.	自身	자기. 제 몸.
전력	全力	모든 힘.	電力	전류에 의한 힘.
전선	電線	전류가 흐르는 선.	戰線	전투가 벌어지고 있는 곳.
전후	前後	앞과 뒤.	戰後	전쟁이 끝난 뒤.
지면	地面	땅의 표면.	紙面	신문 등의 기사를 싣는 면.
지상	地上	땅의 위.	紙上	신문·잡지의 기사면.
한식	韓式	한국식. 한국의 양식.	韓食	한국식의 음식.

3단계

고사성어·사자성어와 함께하는

낱말 퍼즐·낱말 게임

문해력 쑥쑥! 배경지식 탄탄!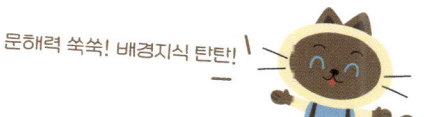

STEP 3

가로세로 낱말 퍼즐

가로 낱말 풀이

2 '한 조각 붉은 마음'이란 뜻으로, 변함없는 마음을 이르는 말.
  예 하루 종일 해를 바라보는 해바라기의 꽃말은? ○○○○ 漢 一片丹心

5 산과 바다의 온갖 진귀한 재료로 만든 맛좋은 음식.
  예 토끼 선생, 용궁의 ○○○○는 산속의 거친 음식과 비교도 안 된다네. 漢 山海珍味

6 큰 소리로 목 놓아 슬피 욺.
  예 동생이 발을 구르며 ○○○○을 했어요. 비 방성대곡 漢 大聲痛哭

세로 낱말 풀이

1 처음에 세운 뜻을 끝까지 밀고 나아감.
  예 신하들의 반대에도 ○○○○ 밀어붙여 한글을 창제한 세종대왕! 漢 初志一貫

3 죽고 사는 것을 가리지 않고 끝장을 내려고 덤벼들다.
  예 ○○○○의 자세로 싸워 우리 팀도 이길 수 있다는 걸 보여 주자! 漢 死生決斷

4 깊은 산속의 으슥한 골짜기.
  예 아빠는 은퇴하면 ○○○○에 들어가 자연인처럼 살고 싶대요. 비 심산궁곡 漢 深山幽谷

📝 공부한 날   월   일

		3				
1						
2 일		단	4 심			
			5 산			
6			곡			

▶ 정답 89쪽

가로세로 힌트

初志一貫(초지일관) 一片丹心(일편단심) 死生決斷(사생결단)
深山幽谷(심산유곡) 山海珍味(산해진미) 大聲痛哭(대성통곡)

83

STEP 3

숨은 고사성어 찾기

낱말 뜻풀이

1 '말의 귀에 부는 동쪽 바람'이라는 뜻으로, 남의 말을 귀담아듣지 않고 흘려 버린다는 말.

예 아무리 충고해도 ○○○○이더니 결국 사고가 났군. 漢 馬耳東風

2 '서당에서 기르는 개가 풍월을 읊는다'는 뜻으로, 어떤 일을 오래 접하면 자기도 모르는 사이에 그 일에 익숙해진다는 말.

예 ○○○○ 보다 '식당 개 삼년이면 라면을 끓인다'는 말이 더 웃겨. 漢 堂狗風月

3 '화가 바뀌어 오히려 복이 된다'는 뜻으로, 어떤 불행한 일이라도 노력하면 행복으로 바꿀 수 있다는 말.

예 바로 지금이 ○○○○의 기회라는 거 잊지 마! 漢 轉禍爲福

4 '오랑캐는 오랑캐로 물리친다'는 뜻으로, 적을 이용하여 또 다른 적을 제압한다는 말.

예 사자와 호랑이가 서로 싸우게 만든 ○○○○ 전략이 통했어. 漢 以夷制夷

5 풍채가 위엄이 있고 당당하다는 뜻.

예 영국의 엘가가 작곡한 '○○○○ 행진곡'은 웅장하고 힘찬 느낌이에요. 漢 威風堂堂

6 '바람 앞의 등불'이라는 뜻으로, 매우 위급한 처지에 놓여 있음을 이르는 말.

예 고려는 거란의 침략으로 ○○○○의 위기에 놓였지만 서희의 외교 담판으로 옛 고구려 땅까지 회복했어요. 漢 風前燈火

📝 공부한 날   월   일

★ 정답을 찾아 ◯로 묶어 보세요!

셰	제	빅	톨	메	오	이
마	위	풍	당	당	토	이
이	인	전	고	스	위	제
동	리	등	화	틴	웨	이
풍	쥘	화	밍	위	베	익
이	스	른	르	어	복	리
당	구	풍	월	피	셸	헤

▶ 정답 89쪽

찾아보기 힌트

마이동풍(馬耳東風) 당구풍월(堂狗風月) 전화위복(轉禍爲福)
이이제이(以夷制夷) 위풍당당(威風堂堂) 풍전등화(風前燈火)

STEP 3
고사성어 완성하기

낱말 뜻풀이

1 '하나를 들어 두 가지를 얻는다'는 뜻으로, 한 가지 일을 해서 두 가지 이익을 얻는다는 말.

  예 방 청소하다 돈도 줍고 ○○○○이네. 비 일석이조 漢 一擧兩得

2 힘들이지 않고 단번에 많은 재물을 얻음.

  예 ○○○○을 꿈꾸며 매주 복권을 사지만 언제나 결과는 꽝! 漢 一攫千金

3 '대들보 위에 있는 군자'라는 뜻으로, 집 안에 들어온 도둑을 가리키는 말.

  예 도둑을 밤손님이나 ○○○○로 표현하는 기법을 미화법이라고 해. 漢 梁上君子

4 맹자의 어머니가 맹자에게 좋은 교육 환경을 만들어 주기 위해 세 번 이사한 일.

  예 아들 교육을 위해 세 번이나 이사한 ○○○○의 교육열은 요즘도 진행 중이야.
  비 맹모삼천지교 漢 孟母三遷

5 '장님이 코끼리를 만진다'는 뜻으로, 일부를 알면서 전부를 아는 것처럼 여기는 어리석음을 이르는 말.

  예 ○○○○은 불교 경전인 열반경에 나오는 이야기예요. 漢 盲人摸象

6 '전쟁에서 이기고 지는 것은 흔히 있는 일이다'라는 뜻으로, 한 번의 실패에 낙담하지 말라는 말.

  예 한 번 실패는 ○○○○라잖아. 너무 실망하지 마. 漢 兵家常事

✏️ 공부한 날　　월　　일

★ 빠진 자음과 모음을 써넣으면 고사성어 완성!

1 一擧兩得　　을　ㄱ　양　드

2 一攫千金　　이　혹　쳐　금

3 梁上君子　　양　승　ㄷ　ㅈ

4 孟母三遷　　ㅁㅇ　ㅗ　삼　쳐

5 盲人摸象　　뱅　언　ㅁ　성

6 兵家常事　　벼　ㅏ　상　ㅅ

어려우면 뒤쪽의 정답을 봐!

▶ 정답 89쪽

87

STEP 3

유래 알아보기

馬 耳 東 風
말 마   귀 이   동녘 동   바람 풍

중국 당나라의 대시인 이백이 살던 시절에는 무인을 우대하고, 문인은 홀대했어. 이백은 이런 시대를 한탄하며 왕거일이라는 친구에게 시를 적어 보냈지.
'지금은 싸움을 잘하고 오랑캐를 막는 데 공을 세운 자만이 충신 대우를 받는 세상일세. 그러니 우리가 아무리 좋은 시를 쓴다 한들 한잔 물보다 값어치가 없다네. 풀밭의 말을 보게나. 마이동풍이란 말처럼 향긋한 봄바람이 아무리 말의 귀를 스쳐도 말은 아무것도 못 느끼지 않는가.'
여기서 '마이동풍'이란 고사성어가 유래한 거야.

*출전: 이백의 <답왕십이한야독작유회>

따라 쓰기

馬	耳	東	風	馬	耳	東	風
말 마	귀 이	동녘 동	바람 풍	말 마	귀 이	동녘 동	바람 풍

전화를 자주 하면 복이 온다는 말은?

* '화가 바뀌어 오히려 복이 된다'는 뜻으로, 어떤 불행한 일이라도 노력하면 행복으로 바꿀 수 있다는 말.

정답은    입니다.

정답

1 일거양득 2 일확천금 3 양상군자 4 맹모삼천 5 맹인모상 6 병가상사

난센스 퀴즈 전화위복

STEP 3

가로세로 낱말 퍼즐

가로 낱말 풀이

1 손뼉을 치며 크게 웃음.
  예) 선생님의 개그에 아이들은 책상을 두드리며 ○○○○했어요. 漢 拍掌大笑

3 많으면 많을수록 더욱 좋음.
  예) 용돈은 무조건 ○○○○이 진리죠. 漢 多多益善

5 매우 사랑하고 귀중히 여김.
  예) 나를 ○○○○ 아끼고 사랑해 주신 할머니가 돌아가셨어요. 漢 愛之重之

세로 낱말 풀이

2 학식이 넓고 아는 것이 많음.
  예) 책도 많이 읽고 일등만 하는 ○○○○한 형도 모르는 게 있어요. 漢 博學多識

4 '앞을 내다보는 안목'이란 뜻으로, 다가올 일을 미리 내다보는 밝은 지혜를 이르는 말.
  예) 십만 양병설을 주장한 이율곡은 ○○○○이 뛰어난 위인이에요. 漢 先見之明

6 그 수를 알지 못할 만큼 매우 많음.
  예) 밤하늘에 별이 ○○○○로 떠 있어요. 漢 不知其數

📝 공부한 날   월   일

	¹·²박					
	³다			⁴선		
						⁶
		⁵		지		지

▶ 정답 97쪽

가로세로 힌트

拍掌大笑(박장대소) 博學多識(박학다식) 多多益善(다다익선)
先見之明(선견지명) 愛之重之(애지중지) 不知其數(부지기수)

STEP 3
숨은 고사성어 찾기

낱말 뜻풀이

1 아랫사람에게 묻는 것을 부끄러워하지 아니함.
　　예 공자님이 ○○○○해야 학문의 발전이 있다고 말씀하셨어요. 漢 不恥下問

2 '열 가운데 여덟이나 아홉 개'란 뜻으로, 확률이 높음을 이르는 말.
　　예 요즘 사람들은 ○○○○ 스마트폰을 손에 들고 다녀요. 漢 十中八九

3 '사람이 죽은 뒤에 약을 짓는다'는 뜻으로, 이미 일이 벌어진 후 뒤늦게 해결책을 내놓음을 이르는 말.
　　예 소 잃고 외양간 고치는 거나 ○○○○○이나 마찬가지. 漢 死後藥方文

4 '고무래를 보고도 정(丁)자를 모른다'는 뜻으로, 글자를 모르는 무식한 사람을 이르는 말.
　　예 낫 놓고 기역자를 모르는 거나, ○○○○이나 마찬가지. 비 일자무식 漢 目不識丁

5 '하나를 들으면 열을 미루어 안다'는 뜻으로, 매우 총명함을 이르는 말.
　　예 하나를 알려 주면 열 가지를 아는 ○○○○의 천재. 漢 聞一知十

6 '여러 사람의 입을 막기 어렵다'는 뜻으로, 여럿이 마구 지껄임을 이르는 말.
　　예 여기저기서 ○○○○으로 떠들면 내가 어떻게 알아들어? 한 사람씩 차근차근 이야기해 봐.
　　漢 衆口難防

★ 정답을 찾아 ◯로 묶어 보세요!

문	일	지	십	안	순	돈
키	빈	십	중	팔	구	크
사	톰	크	소	랑	소	여
중	후	데	목	불	식	정
구	카	약	라	치	미	루
난	마	조	방	하	네	프
방	로	호	프	문	안	테

▶ 정답 97쪽

찾아보기 힌트

불치하문(不恥下問) 십중팔구(十中八九) 사후약방문(死後藥方文)
목불식정(目不識丁) 문일지십(聞一知十) 중구난방(衆口難防)

93

STEP 3

고사성어 완성하기

낱말 뜻풀이

1 좋은 일과 나쁜 일, 행복한 일과 불행한 일을 아울러 이르는 말.
　　예 토정 이지함 선생은 한 해의 ○○○○을 점치는 <토정비결>이란 책을 지었어요. 漢 吉凶禍福

2 '땅에 엎드려 움직이지 않는다'는 뜻으로, 마땅히 해야 할 일을 하지 않고 몸을 사리는 경우를 이르는 말.
　　예 ○○○○은 주어진 일에 몸을 사리는 사람에게 많이 쓰는 표현이에요. 漢 伏地不動

3 같은 겨레끼리 서로 싸우고 죽임.
　　예 다시는 이 땅에 6.25 전쟁(한국 전쟁)과 같은 ○○○○의 비극이 일어나면 안 됩니다.
　　비 동족상쟁　漢 同族相殘

4 '책상 위에서 나누는 쓸데없는 논의'란 뜻으로, 실현성이 없는 헛된 논의를 말함.
　　예 제발 ○○○○ 그만하고, 현장 파악을 하세요! 漢 卓上空論

5 이름과 실상이 서로 꼭 맞음.
　　예 방탄소년단은 ○○○○한 세계적인 K-pop 그룹이에요. 비 명실불부　漢 名實相符

6 '이름은 헛되이 전해지지 않는다'는 뜻으로, 명성이 널리 알려진 데는 그럴 만한 까닭이 있음을 이르는 말.
　　예 경기하는 모습을 보니 역시 ○○○○이야. 漢 名不虛傳

✏️ 공부한 날   월   일

★ 빠진 자음과 모음을 써넣으면 고사성어 완성!

1 吉凶禍福 | 길 | 흉 | 화 | 복

2 伏地不動 | 복 | 지 | 부 | 동

3 同族相殘 | 동 | 족 | 상 | 잔

4 卓上空論 | 탁 | 상 | 공 | 론

5 名實相符 | 명 | 실 | 상 | 부

6 名不虛傳 | 명 | 불 | 허 | 전

어려우면 뒤쪽의 정답을 봐!

▶ 정답 97쪽

STEP 3

유래 알아보기

多 多 益 善
많을 다 　 많을 다 　 더할 익 　 착할 선

한나라의 왕인 유방이 장수 한신에게 물었어.
"짐이 지휘할 수 있는 군사는 얼마나 된다고 보는가?"
"폐하께서는 한 10만쯤 거느릴 수 있사옵니다."
"그렇다면 그대는 어떠한가?"
"신은 다다익선일수록 더욱 좋습니다."
그 말에 유방은 몹시 불쾌해졌지.
"많으면 많을수록 좋다고? 그렇게 뛰어난 자가 어찌 내 밑에서 일하는가?"
"저는 병사의 장수에 불과하지만 폐하는 장수의 장수가 아니십니까?"
"하하하, 그 말은 내가 10만 장수를 거느릴 수 있다는 건가?"
유방은 통쾌하게 웃으며 한신과 술잔을 나누었어.
그 뒤 '다다익선'이란 말이 쓰이게 되었대.

*출전: <사기>의 회음후열전

따라 쓰기

多 多 益 善 　 多 多 益 善
많을 다 　 많을 다 　 더할 익 　 착할 선 　 많을 다 　 많을 다 　 더할 익 　 착할 선

박사와 학사는 밥을 많이 먹는다는 말은?

*학식이 넓고 아는 것이 많음.

정답은 ☐ ☐ ☐ ☐ 입니다.

정답

❶ 길흉화복 ❷ 복지부동 ❸ 동족상잔 ❹ 탁상공론 ❺ 명실상부 ❻ 명불허전

난센스 퀴즈 박학다식

도전! 초성퀴즈

1. 말의 귀에 부는 동쪽 바람.
   ㅁ ㅇ ㄷ ㅍ → ☐☐☐☐

2. 화가 바뀌어 오히려 복이 된다.
   ㅈ ㅎ ㅇ ㅂ → ☐☐☐☐

3. 바람 앞의 등불.
   ㅍ ㅈ ㄷ ㅎ → ☐☐☐☐

4. 하나를 들어 두 가지를 얻는다.
   ㅇ ㄱ ㅇ ㄷ → ☐☐☐☐

5. 처음에 세운 뜻을 끝까지 밀고 나아감.
   ㅊ ㅈ ㅇ ㄱ → ☐☐☐☐

6. 많으면 많을수록 더욱 좋음.
   ㄷ ㄷ ㅇ ㅅ → ☐☐☐☐

7. 학식이 넓고 아는 것이 많음.
   ㅂ ㅎ ㄷ ㅅ → ☐☐☐☐

8. 앞을 내다보는 안목.
   ㅅ ㄱ ㅈ ㅁ → ☐☐☐☐

9. 하나를 들으면 열을 미루어 안다.
   ㅁ ㅇ ㅈ ㅅ → ☐☐☐☐

10. 이름과 실상이 서로 꼭 맞음.
    ㅁ ㅅ ㅅ ㅂ → ☐☐☐☐

알맞게 이어 보자!

도전! 낱말잇기

★ 고사성어 또는 사자성어를 이루는 낱말끼리 이어 보세요!

11 위풍	•	•	결단
12 맹모	•	•	당당
13 일확	•	•	삼천
14 대성	•	•	천금
15 사생	•	•	통곡

16 박장	•	•	팔구
17 애지	•	•	중지
18 십중	•	•	대소
19 중구	•	•	공론
20 탁상	•	•	난방

정답

1.마이동풍 2.전화위복 3.풍전등화 4.일거양득 5.초지일관 6.다다익선 7.박학다식 8.선견지명 9.문일지십 10.명실상부 11.위풍당당 12.맹모삼천 13.일확천금 14.대성통곡 15.사생결단 16.박장대소 17.애지중지 18.십중팔구 19.중구난방 20.탁상공론

STEP 3

가로세로 낱말 퍼즐

가로 낱말 풀이

1 '같이 고생하고 같이 즐긴다'는 뜻으로, 괴로움과 즐거움을 함께한다는 말.
  예 나와 호동이는 어릴 때부터 오랫동안 ○○○○하던 절친이야. 漢 同苦同樂

4 '입은 다르나 소리는 같다'는 뜻으로, 여러 사람의 말이 한결같음.
  예 사람들이 콩쥐를 ○○○○으로 칭찬하는 이유는 착하고 부지런하기 때문이야. 漢 異口同聲

6 부부의 인연을 맺어 준다는 전설상의 노인.
  예 그럼 엄마와 아빠도 ○○○○이 맺어 줘서 결혼하게 된 거야? 漢 月下老人

세로 낱말 풀이

2 '같은 병을 앓는 사람끼리 가엾게 여긴다'는 뜻으로, 같은 처지에 있는 사람끼리 서로 동정하고 돕는다는 말.
  예 벼룩과 생쥐는 서로 ○○○○의 처지임을 알고 금세 친해졌어요. 漢 同病相憐

3 '같은 자리에 자면서 다른 꿈을 꾼다'는 뜻으로, 겉으로는 같이 행동하면서도 속으로는 각각 딴생각을 하고 있다는 말.
  예 두 나라 대표가 만났지만 서로 ○○○○이라서 협상이 잘될지 모르겠어. 漢 同床異夢

5 같은 이름을 가진 서로 다른 사람.
  예 우리 반에 ○○○○인 친구가 있어서 큰 준서, 작은 준서라고 불러. 漢 同名異人

📝 공부한 날   월   일

1·2 동		3 동			
	4 이		5 동	
	6			인	

▶ 정답 107쪽

가로세로 힌트

同苦同樂(동고동락) 同病相憐(동병상련) 同床異夢(동상이몽)
異口同聲(이구동성) 同名異人(동명이인) 月下老人(월하노인)

STEP 3

숨은 고사성어 찾기

낱말 뜻풀이

1 '말 속에 뼈가 있다'는 뜻으로, 예사로운 말 속에 단단한 속뜻이 숨어 있음을 이르는 말.

예 웃으면서 말하는데 뭔가 ○○○○이 느껴져 개운하지 않아. 漢 言中有骨

2 '말이 오고 간다'는 뜻으로, 서로 의견을 주고받으며 옥신각신함.

예 서로 주장을 맡겠다고 ○○○○하다 마음이 상했어. 비 언왕언래 漢 說往說來

3 '뼈를 가루로 만들고 몸을 부순다'는 뜻으로, 온 정성을 다해 노력함을 이르는 말.

예 일할 수 있는 기회를 주신다면 ○○○○ 최선을 다하겠습니다. 漢 粉骨碎身

4 '달콤한 말과 이로운 말'이란 뜻으로, 상대를 꾀기 위해 듣기 좋게 꾸민 말.

예 자라는 온갖 ○○○○로 토끼를 꾀어 용궁에 데려갔어요. 비 사탕발림 漢 甘言利說

5 책을 불태우고 선비를 구덩이에 묻음.

예 중국의 진시황은 자신을 비판하는 유학자들을 파묻고 책을 불태우는 ○○○○를 했어요.
비 갱유분서 漢 焚書坑儒

6 '자신의 몸을 죽여 인을 이룬다'는 뜻으로, 자신을 희생해서 옳은 일을 행하는 것을 가리키는 말.

예 소방대원들은 ○○○○의 정신으로 시민의 생명을 구해요. 漢 殺身成仁

✏️ 공부한 날　　월　　일

★ 정답을 찾아 ⬭로 묶어 보세요!

플	하	프	킬	슈	살	탈
아	루	분	골	쇄	신	율
드	타	서	이	무	성	랑
감	이	갱	타	리	인	지
언	중	유	골	르	반	이
이	호	시	설	왕	설	래
설	스	켄	드	솝	인	크

▶ 정답 107쪽

찾아보기 힌트

언중유골(言中有骨)　설왕설래(說往說來)　분골쇄신(粉骨碎身)
감언이설(甘言利說)　분서갱유(焚書坑儒)　살신성인(殺身成仁)

STEP 3

고사성어 완성하기

낱말 뜻풀이

1 '천 명의 군사와 만 마리의 말'이라는 뜻으로, 엄청난 규모의 군대를 이르는 말.
　예 약한 우리 팀에 용병이 들어오다니, ○○○○를 얻은 기분이야. 비 천병만마 漢 千軍萬馬

2 하늘과 땅 사이와 같이 엄청난 차이.
　예 동생과 나는 얼굴은 비슷하지만 성격은 ○○○○예요. 비 천양지판 漢 天壤之差

3 모든 일이 뜻대로 잘됨.
　예 여러분, 새해에도 ○○○○하시기 바랍니다. 漢 萬事亨通

4 만나 본 적이 없어 서로 전혀 알지 못함.
　예 ○○○○의 어른은 절대 따라가면 안 돼! 비 일면부지 漢 生面不知

5 삶과 죽음, 괴로움과 즐거움을 통틀어 이르는 말.
　예 아빠는 군대에서 ○○○○을 함께했던 친구들을 자주 만나요. 漢 生死苦樂

6 기쁨과 노여움, 슬픔과 즐거움을 아울러 이르는 말.
　예 하회탈의 표정에는 옛날 사람들의 ○○○○이 고스란히 담겨 있어요. 漢 喜怒哀樂

✎ 공부한 날   월   일

★ 빠진 자음과 모음을 써넣으면 고사성어 완성!

1 千軍萬馬 　천 구 ㄴ ㅁ

2 天壤之差 　처 ㅇ ㅈ ㅏ

3 萬事亨通 　ㄴ ㅅ 혀 ㅌ

4 生面不知 　새 ㅁ ㅜ ㅈ

5 生死苦樂 　ㅅ ㅏ ㄱ 라

6 喜怒哀樂 　ㅢ ㄹ ㅐ ㄹ

어려우면 뒤쪽의 정답을 봐!

▶ 정답 107쪽

STEP 3

유래 알아보기

同 病 相 憐

한가지 **동**   병 **병**   서로 **상**   불쌍히여길 **련**

초나라 사람인 오자서는 간신들 때문에 아버지와 형을 잃었어. 오나라로 망명해서 왕의 신임을 얻어 대부라는 벼슬을 얻은 오자서는 같은 처지인 백비를 추천해 함께 정치를 하게 되었지.
그때 같은 대부인 피리가 조언을 했어.
"백비는 믿을 만한 인물이 아닙니다. 가까이 하면 화를 당할 수 있으니 조심하십시오."
하지만 오자서는 그 말을 무시했어.
"우리는 똑같이 초나라 왕에게 원한이 있소. 하상가에도 같은 병을 앓는 사람끼리 불쌍히 여기라는 구절이 있지 않소?"
결국 피리의 예언대로 훗날 오자서는 백비의 모함으로 죽게 된다는 이야기야.
여기서 '동병상련'이란 말이 생겨났어.
*출전: <오월춘추>의 합려내전

따라 쓰기

同	病	相	憐	同	病	相	憐
한가지 **동**	병 **병**	서로 **상**	불쌍히여길 **련**	한가지 **동**	병 **병**	서로 **상**	불쌍히여길 **련**

모든 일은 형을 통해야 잘된다는 말은?

*모든 일이 뜻대로 잘됨.

정답은    입니다.

정답

① 천군만마 ② 천양지차 ③ 만사형통 ④ 생면부지 ⑤ 생사고락 ⑥ 희로애락

난센스 퀴즈 만사형통

STEP 3

가로세로 낱말 퍼즐

가로 낱말 풀이

1 겉으로 보기에는 부드럽지만 속은 꿋꿋하고 강함.
예 우리 엄마는 ○○○○형이에요. 漢 外柔內剛

3 아무 소용이 없는 물건이나 아무짝에도 쓸모없는 사람.
예 새로 산 핸드폰을 물에 빠뜨려 ○○○○이 되었어! 漢 無用之物

5 사람이 나고 늙고 병들고 죽는 네 가지 고통.
예 부처님은 ○○○○의 괴로움을 해결하기 위해 출가를 했어요. 漢 生老病死

세로 낱말 풀이

2 '입은 있으나 말은 없다'는 뜻으로, 변명할 말이 없음을 이르는 말.
예 모두 내가 잘못해서 생긴 일이니 ○○○○이야. 漢 有口無言

4 물건을 보면 가지고 싶은 욕심이 생김.
예 ○○○○이라 했으니, 귀한 물건은 남의 눈에 띄지 않게 보관하세요. 漢 見物生心

6 '그림의 떡'이란 뜻으로, 바라만 보았지 쓸모가 없음을 이르는 말.
예 지금 나한테 새 게임기는 ○○○○일 뿐이야. 漢 畫中之餅

📝 공부한 날   월   일

1	2 유						6	
					4			
	3 무				물			
				5 생			병	

▶ 정답 115쪽

가로세로 힌트

外柔內剛(외유내강) 有口無言(유구무언) 無用之物(무용지물)
見物生心(견물생심) 生老病死(생로병사) 畵中之餠(화중지병)

STEP 3

숨은 고사성어 찾기

낱말 뜻풀이

1 '대를 쪼개는 기세'라는 뜻으로, 적을 거침없이 물리치고 쳐들어가는 기세를 이르는 말.

> 예 K-푸드가 ○○○○로 외국에서 인기를 끌고 있대요. 漢 破竹之勢

2 '여우가 호랑이의 위세를 빌려 호기를 부린다'는 뜻으로, 남의 힘으로 위세를 부린다는 말.

> 예 힘 자랑하는 친구보다 옆에 붙어 ○○○○하는 친구가 더 얄미워. 漢 狐假虎威

3 '한바탕의 봄꿈'이란 뜻으로, 덧없는 인생을 이르는 말.

> 예 고전 소설 <구운몽>은 인생의 부귀영화가 한낱 ○○○○에 불과하다는 내용이에요. 漢 一場春夢

4 '도끼를 갈아서 바늘을 만든다'는 뜻으로, 어려운 일이라도 꾸준히 노력하면 이룰 수 있다는 말.

> 예 '무쇠도 갈면 바늘 된다'는 속담은 사자성어로 ○○○○이에요. 漢 磨斧作針

5 '사슴을 가리켜 말이라 한다'는 뜻으로, 윗사람을 농락하고 권세를 마음대로 휘두름을 이르는 말.

> 예 그는 권세를 믿고 거짓을 사실처럼 강요하는 ○○○○의 태도를 보였어요. 漢 指鹿爲馬

6 호기롭고 자신 있게 말함.

> 예 그 정도는 식은 죽 먹기라고 ○○○○하더니! 漢 豪言壯談

★ 정답을 찾아 ◯로 묶어 보세요!

안	파	죽	지	세	개	퍼
타	나	잔	록	츠	핌	넬
호	가	호	위	렛	트	글
부	언	비	마	부	작	침
활	피	장	스	카	정	북
터	칼	우	담	팬	레	나
스	파	일	장	춘	몽	리

▶ 정답 115쪽

찾아보기 힌트

파죽지세(破竹之勢)　호가호위(狐假虎威)　일장춘몽(一場春夢)
마부작침(磨斧作針)　지록위마(指鹿爲馬)　호언장담(豪言壯談)

STEP 3

고사성어 완성하기

낱말 뜻풀이

1 '개와 원숭이의 사이'라는 뜻으로, 사이가 매우 나쁜 관계를 이르는 말.
　예 로미오와 줄리엣은 ○○○○인 두 가문의 아들딸이라는 게 가장 큰 비극이지. 漢 犬猿之間

2 '모기를 보고 칼을 뺀다'는 뜻으로, 사소한 일에 과하게 반응하는 것을 이르는 말.
　예 파리를 보고 칼을 빼는 사람이나, ○○○○하는 사람이나 마찬가지. 비 노승발검 漢 見蚊拔劍

3 '나무를 뿌리째 뽑고 물의 근원을 막아 버린다'는 뜻으로, 좋지 않은 일의 근본 원인을 완전히 없앤다는 말.
　예 이번 기회에 ○○○○하여 일벌백계로 다스려야 해. 漢 拔本塞源

4 이제야 처음으로 들음.
　예 영희와 철수가 사귄다는 거 난 ○○○○인데 진짜야? 漢 今始初聞

5 '금으로 된 가지와 옥으로 된 잎'이란 뜻으로, 아주 귀한 자손을 이르는 말.
　예 ○○○○ 귀하게 키운 평강 공주가 바보 온달에게 시집간다니! 漢 金枝玉葉

6 집 가까이에 있는 기름진 논.
　예 조상 대대로 농사를 지어 온 ○○○○이에요. 漢 門前沃畓

📝 공부한 날   월   일

★ 빠진 자음과 모음을 써넣으면 고사성어 완성!

1 犬猿之間 | ㄴ | 권 | ㅈ | 가 |

2 見蚊拔劍 | 겨 | 믄 | 날 | 거 |

3 拔本塞源 | 블 | 보 | 객 | 워 |

4 今始初聞 | 금 | ㅅ | ㅗ | 무 |

5 金枝玉葉 | ㅁ | ㅈ | 오 | 입 |

6 門前沃畓 | 무 | 건 | ㅎ | 답 |

어려우면 뒤쪽의 정답을 봐!

▶ 정답 115쪽

STEP 3

유래 알아보기

外 柔 内 剛
바깥 외   부드러울 유   안 내   굳셀 강

중국 당나라의 노탄은 강직한 성품을 지닌 인물이었어. 황제가 요남중이라는 사람을 절도사에 임명하자 많은 대신들이 글만 읽은 선비라 절도사에 어울리지 않는다고 반대했지.
하지만 노탄은 이렇게 말했어.
"요남중은 겉으로 약해보이지만 속으로는 누구보다 강한 외유중강의 인물입니다. 그런 사람을 몰라보고 이번 임명에 반대한다면 나는 따를 수 없습니다."
노탄의 말에 나오는 외유중강은 '외유내강'과 같은 말이야.

*출전: <당서>의 노탄전

따라 쓰기

外	柔	内	剛	外	柔	内	剛
바깥 외	부드러울 유	안 내	굳셀 강	바깥 외	부드러울 유	안 내	굳셀 강

동물원의 배고픈 사자가 철창 밖에 있는 사람들을 보고 한 말은?

∗ 아무리 갖고 싶어도 차지하거나 이용할 수 없는 것.
∗ 힌트: 한자로는 화중지병(畵中之餠)이라고 해요.

정답은    입니다.

① 견원지간 ② 견문발검 ③ 발본색원 ④ 금시초문 ⑤ 금지옥엽 ⑥ 문전옥답

난센스 퀴즈 그림의 떡

앞에서 익힌 고사성어를 떠올려 봐!

도전! 초성퀴즈

1. 같은 병을 앓는 사람끼리 가엾게 여긴다.
   ㄷ ㅂ ㅅ ㄹ → ☐ ☐ ☐ ☐

2. 하늘과 땅 사이와 같이 엄청난 차이.
   ㅊ ㅇ ㅈ ㅊ → ☐ ☐ ☐ ☐

3. 삶과 죽음, 괴로움과 즐거움을 통틀어 이르는 말.
   ㅅ ㅅ ㄱ ㄹ → ☐ ☐ ☐ ☐

4. 달콤한 말과 이로운 말.
   ㄱ ㅇ ㅇ ㅅ → ☐ ☐ ☐ ☐

5. 자신의 몸을 죽여 인을 이룬다.
   ㅅ ㅅ ㅅ ㅇ → ☐ ☐ ☐ ☐

6. 겉으로 보기에는 부드럽지만 속은 꿋꿋하고 강함.
   ㅇ ㅇ ㄴ ㄱ → ☐ ☐ ☐ ☐

7. 물건을 보면 가지고 싶은 욕심이 생김.
   ㄱ ㅁ ㅅ ㅅ → ☐ ☐ ☐ ☐

8. 그림의 떡.
   ㅎ ㅈ ㅈ ㅂ → ☐ ☐ ☐ ☐

9. 개와 원숭이의 사이.
   ㄱ ㅇ ㅈ ㄱ → ☐ ☐ ☐ ☐

10. 모기를 보고 칼을 뺀다.
    ㄱ ㅁ ㅂ ㄱ → ☐ ☐ ☐ ☐

알맞게 이어 보자!

도전! 낱말잇기

★ 고사성어 또는 사자성어를 이루는 낱말끼리 이어 보세요!

11 동고 ●	● 동성
12 이구 ●	● 동락
13 동상 ●	● 이몽
14 천군 ●	● 설래
15 설왕 ●	● 만마

16 무용 ●	● 지물
17 유구 ●	● 초문
18 파죽 ●	● 지세
19 금시 ●	● 무언
20 금지 ●	● 옥엽

 정답

1.동병상련 2.천양지차 3.생사고락 4.감언이설 5.살신성인 6.외유내강
7.견물생심 8.화중지병 9.견원지간 10.견문발검 11.동고동락 12.이구동성
13.동상이몽 14.천군만마 15.설왕설래 16.무용지물 17.유구무언 18.파죽지세
19.금시초문 20.금지옥엽

유의어(類義語)

읽는 소리(音)는 서로 다르나 뜻(訓)이 비슷한 말을 '유의어'라고 해요.

圖	그림	도	身	몸	신	衣	옷	의
畫	그림	화	體	몸	체	服	옷	복
道	길	도	樹	나무	수	敎	가르칠	교
路	길	로	木	나무	목	訓	가르칠	훈
言	말씀	언	室	집	실	家	집	가
語	말씀	어	堂	집	당	室	집	실
分	나눌	분	對	대답할	대	集	모일	집
別	나눌	별	答	대답할	답	會	모일	회
社	모일	사	土	흙	토	學	배울	학
會	모일	회	地	땅	지	習	익힐	습
海	바다	해	根	뿌리	근	洞	고을	동
洋	큰바다	양	本	근본	본	里	마을	리

4단계

고사성어·사자성어와 함께하는

낱말 퍼즐·낱말 게임

문해력 쑥쑥! 배경지식 탄탄!

STEP 4

가로세로 낱말 퍼즐

가로 낱말 풀이

1 어물어물하며 결단을 내리지 못함.
　　예 낙천적인 성격의 '돈키호테형'과 ○○○○한 성격의 '햄릿형' 인간. 漢 優柔不斷

3 처음부터 끝까지의 과정.
　　예 왜 이런 어처구니없는 일이 벌어졌는지 ○○○○을 이야기해 봐. 漢 自初至終

6 줏대 없이 남의 의견에 따라 같이 행동함.
　　예 남이 하자고 한다고 해서 아무 생각 없이 ○○○○하면 안 돼요. 漢 附和雷同

세로 낱말 풀이

2 아버지로부터 대물림된 것처럼 아들의 성격이나 습관이 비슷함.
　　예 누가 ○○○○ 아니랄까 봐 둘이 걷는 모습이 똑같네! 漢 父傳子傳

4 비슷한 것들끼리 무리를 이룸.
　　예 ○○○○이라더니, 친구들도 다 착하고 예쁘네. 漢 類類相從

5 매우 더디어서 일 따위가 잘 이루어지지 않음.
　　예 공사가 ○○○○하게 진행돼 답답해요. 漢 遲遲不進

📝 공부한 날   월   일

▶ 정답 127쪽

가로세로 힌트

優柔不斷(우유부단) 父傳子傳(부전자전) 自初至終(자초지종)
類類相從(유유상종) 遲遲不進(지지부진) 附和雷同(부화뇌동)

STEP 4
숨은 고사성어 찾기

낱말 뜻풀이

1 '정도를 지나침은 미치지 못함과 같다'는 뜻으로, 한쪽으로 치우치지 않는 상태가 중요하다는 말.
　　예 지나친 간섭은 ○○○○, 무관심보다 못한 결과를 가져올 수도 있어요. 漢 過猶不及

2 '오 리나 되는 안개 속'이란 뜻으로, 사물이나 사람이 어디에 있는지 알 수 없을 때 쓰임.
　　예 경찰이 행방이 ○○○○인 범인을 찾고 있어요. 漢 五里霧中

3 맑은 바람과 밝은 달.
　　예 ○○○○의 고장에서 열리는 축제에 놀러 오세요. 漢 淸風明月

4 '낮에는 밭을 갈고 밤에는 책을 읽는다'는 뜻으로, 바쁜 틈을 타 어렵게 공부한다는 말.
　　예 가난해서 학교를 다닐 수 없었던 파브르는 ○○○○으로 열심히 공부해 교사가 되었어요. 漢 晝耕夜讀

5 오직 하나뿐 둘도 없음.
　　예 비밀도 털어놓을 수 있는 ○○○○한 친구가 바로 너야. 漢 唯一無二

6 '오나라 사람과 월나라 사람이 같은 배를 탔다'는 뜻으로, 원수끼리 한자리에 있게 된 경우나 서로 힘을 합쳐야 하는 상황을 가리킴.
　　예 라이벌인 두 사람을 국가대표로 뽑았으니 ○○○○인 셈이네. 漢 吳越同舟

📝 공부한 날　　월　　일

★ 정답을 찾아 ⬭로 묶어 보세요!

청	로	시	드	스	가	머
풍	빌	빈	과	유	불	급
명	의	커	손	일	험	리
월	리	오	리	무	중	앤
로	의	월	모	이	크	소
개	간	동	율	후	스	루
빨	빈	주	경	야	독	바

▶ 정답 127쪽

찾아보기 힌트

과유불급(過猶不及)　오리무중(五里霧中)　청풍명월(淸風明月)
주경야독(晝耕夜讀)　유일무이(唯一無二)　오월동주(吳越同舟)

123

STEP 4

고사성어 완성하기

낱말 뜻풀이

1 '토끼가 죽으면 사냥개를 삶는다'는 뜻으로, 필요할 때는 쓰고 필요 없을 때는 버린다는 말.

예) 그렇게 충성하다 ○○○○ 당한 기분이 어때? 漢) 兎死狗烹

2 기초가 튼튼하지 못하면 곧 무너진다는 말.

예) 한자 뜻 그대로 ○○○○은 '모래 위에 세운 다락집'이라는 뜻이야. 漢) 沙上樓閣

3 '소의 뿔을 바로잡으려다 소를 죽인다'는 뜻으로, 작은 잘못이나 흠을 고치려다 일이 더 잘못된다는 말.

예) 단점을 고치려다 장점마저 잃는 ○○○○의 실수를 하는 수가 있어. 漢) 矯角殺牛

4 '항우 같은 장사'라는 뜻으로, 힘이 아주 센 사람을 이르는 말.

예) 산을 뽑을 정도로 힘센 ○○○○면 뭐해, 지혜가 없어 맨날 당하기만 하는걸. 漢) 項羽壯士

5 모든 일은 반드시 바른 길로 돌아가게 마련임.

예) 죄를 지었으니 당연히 벌을 받아야지. ○○○○이야. 漢) 事必歸正

6 왕대비나 대왕대비가 나이 어린 임금을 도와 나랏일을 돌보던 일.

예) 순조가 열한 살에 왕위에 오르자 증조할머니인 정순왕후가 ○○○○을 했어요. 漢) 垂簾聽政

✏️ 공부한 날   월   일

★ 빠진 자음과 모음을 써넣으면 고사성어 완성!

1 兔死狗烹   ㅌ ㅏ ㄱ 퐁

2 沙上樓閣   ㅅ 사 ㅜ 긱

3 矯角殺牛   ㅛ 가 슬 ㅜ

4 項羽壯士   흥 ㅇ 징 ㅏ

5 事必歸正   ㅅ 플 기 징

6 垂簾聽政   ㅜ 려 청 저

어려우면 뒤쪽의 정답을 봐!

▶ 정답 127쪽

125

STEP 4

유래 알아보기

附 和 雷 同

붙을 부   화할 화   우레 뇌   한가지 동

"군자는 화합하되 부화뇌동하지 않고, 소인은 부화뇌동하되 화합하지 않는다."
공자님 말씀이야.
군자는 의를 숭상하고 남을 자기 자신처럼 생각해 화합하지만 소인은 이익을 따져 이해관계가 맞는 사람끼리 행동하므로 화합하지 못한다는 뜻이지.
'부화뇌동'은 남의 주장이나 의견을 맹목적으로 추종하는 것을 경고하는 고사성어로, 자신의 생각이나 판단 없이 무조건 남의 의견을 따르는 것을 경계하는 말로 쓰여.

*출전: <논어> 자로 편, <예기> 곡례 편

따라 쓰기

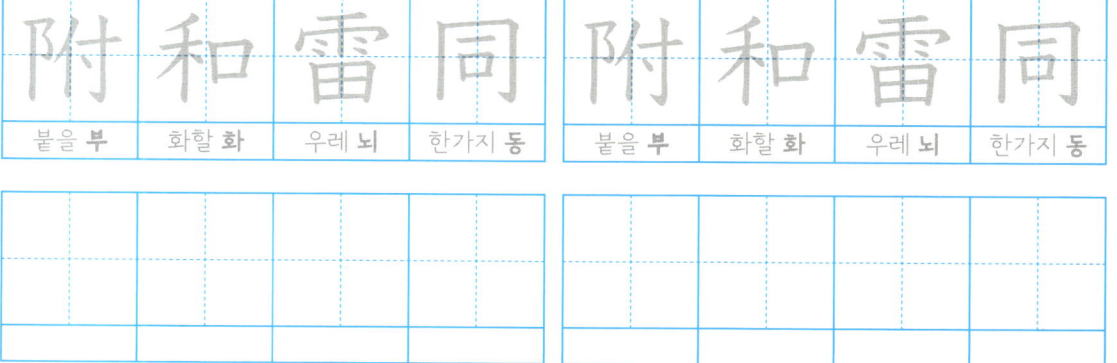

'아버지가 전씨면 아들도 전씨'라는 말은?

＊아버지로부터 대물림된 것처럼 아들의 성격이나 습관이 비슷함.

정답은    입니다.

정 답

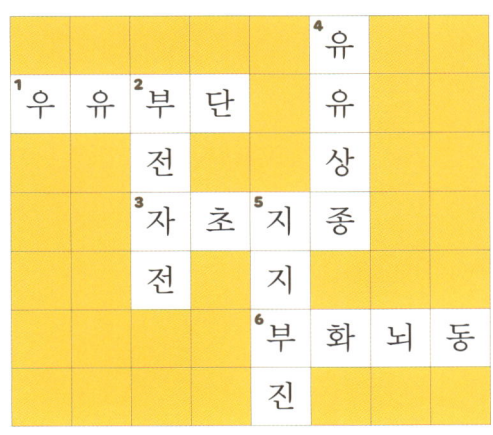

1 토사구팽　2 사상누각　3 교각살우　4 항우장사　5 사필귀정　6 수렴청정

난센스 퀴즈　부전자전

STEP 4

가로세로 낱말 퍼즐

가로 낱말 풀이

1 착한 일을 권장하고 악한 일을 징계함.
  예 흥부전은 ○○○○을 주제로 한 대표적인 전래 동화예요. 漢 勸善懲惡

3 '팔짱을 끼고 보고만 있다'는 뜻으로, 간섭하거나 거들지 않고 그대로 두는 것을 이르는 말.
  예 싸움을 말리지 않고 ○○○○한 너희도 잘못이야. 漢 袖手傍觀

6 슬기로운 사람은 유혹에 흔들리지 않음.
  예 '○○○○, 인자불우, 용자불구'는 <논어>에 나오는 공자님 말씀이에요. 漢 知者不惑

세로 낱말 풀이

2 목적 달성을 위해 수단과 방법을 가리지 아니하는 온갖 모략이나 술책.
  예 출세를 위해 ○○○○를 쓰는 사람들 때문에 선한 사람들이 피해를 보는 거야. 漢 權謀術數

4 몸과 마음을 닦아 수양하고 집을 다스림.
  예 ○○○○도 못하는 사람이 치국평천하를 하겠다고? 漢 修身齊家

5 '관중과 포숙아의 사귐'이란 뜻으로, 우정이 두터운 친구 관계.
  예 중국에 ○○○○가 있다면, 우리나라엔 오성 이항복과 한음 이덕형의 우정이 있지. 漢 管鮑之交

✏️ 공부한 날   월   일

1·2권						
3수	4수		5관		
			6지			

▶ 정답 135쪽

가로세로 힌트

勸善懲惡(권선징악) 權謀術數(권모술수) 袖手傍觀(수수방관)
修身齊家(수신제가) 管鮑之交(관포지교) 知者不惑(지자불혹)

STEP 4

숨은 고사성어 찾기

낱말 뜻풀이

1 나날이 다달이 성장함.
예 실력이 몰라보게 ○○○○한 것은 매일 1시간씩 꾸준히 공부해서야. 漢 日就月將

2 '만 개의 파도를 가라앉히는 피리'라는 뜻으로, 나라의 모든 근심과 걱정이 해결된다는 전설상의 피리.
예 ○○○○은 한 번 불면 몰려왔던 적군도 물러가게 한다는 신통한 피리였대. 漢 萬波息笛

3 '눈 아래에 사람이 없다'는 뜻으로, 교만해서 남을 업신여김을 이르는 말.
예 내 친구는 회장이 되더니 ○○○○이 되어 버렸어. 비 방약무인 漢 眼下無人

4 '하나의 물결이 연쇄적으로 많은 물결을 일으킨다'는 뜻으로, 한 사건이 잇따라 많은 사건으로 번짐을 이르는 말.
예 장난으로 올린 글이 ○○○○ 퍼져서 사과하느라 진땀을 뺐어요. 漢 一波萬波

5 '도둑이 도리어 매를 든다'는 뜻으로, 잘못한 사람이 도리어 잘못도 없는 사람을 나무란다는 말.
예 ○○○○도 유분수지, 먼저 때리고는 맞았다고 거짓말하네. 漢 賊反荷杖

6 세 사람이 짜면 거리에 호랑이가 나왔다는 거짓말도 꾸밀 수 있다는 뜻으로, 여럿이 하면 거짓말도 곧이듣게 된다는 말.
예 ○○○○라더니, 식구들이 똑같이 말하니까 정말 믿게 되네. 漢 三人成虎

📝 공부한 날   월   일

★ 정답을 찾아 ⬭로 묶어 보세요!

일	취	월	장	스	리	페
파	베	마	장	럴	스	크
만	파	식	적	트	캐	인
파	테	호	허	반	안	상
리	핀	클	키	니	하	의
삼	인	성	호	돈	무	장
베	크	스	프	리	인	스

▶ 정답 135쪽

찾아보기 힌트

일취월장(日就月將) 만파식적(萬波息笛) 안하무인(眼下無人)
일파만파(一波萬波) 적반하장(賊反荷杖) 삼인성호(三人成虎)

STEP 4

고사성어 완성하기

낱말 뜻풀이

1 '오른쪽 자리에 새겨 놓은 문구'라는 뜻으로, 늘 옆에 적어 두고 보면서 가르침으로 삼으라는 말.

예 나의 ○○○은 아빠와 똑같이 '진인사대천명'이에요. 漢 座右銘

2 '사람의 목숨은 하늘에 달려 있다'는 뜻으로, 목숨의 길고 짧음은 사람의 힘으로 어쩔 수 없다는 말.

예 ○○○○이라 생각하고 슬픔을 이겨냈어요. 漢 人命在天

3 '하늘은 둥글고 땅은 네모나다'는 뜻의 옛날 우주관.

예 조선 궁궐의 연못이 대부분 네모난 연못에 둥근 섬 모양인 건 ○○○○의 우주관을 따랐기 때문이에요. 漢 天圓地方

4 '곁에 사람이 없는 것처럼 행동한다'는 뜻으로, 주위 사람을 의식하지 않고 제멋대로 하는 것을 말함.

예 ○○○○이나 안하무인이나 교만하고 방자하기는 마찬가지. 비 안하무인 漢 傍若無人

5 '전쟁에서 물러서지 않음'을 뜻하는 신라 화랑의 다섯 가지 계율 중 하나.

예 군인은 ○○○○의 기상과 죽음을 무릅쓰는 애국애족 정신을 지녀야 해요. 漢 臨戰無退

6 그때그때 처한 형편에 맞게 일을 처리함.

예 다행히 ○○○○으로 위기를 넘겼어요. 비 수기응변 漢 臨機應變

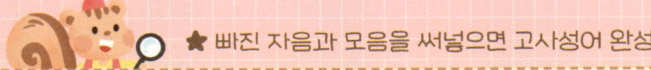

★ 빠진 자음과 모음을 써넣으면 고사성어 완성!

1 座右銘 — 조 ㅜ 믕

2 人命在天 — 인 영 ㅈ 쳐

3 天圓地方 — 츤 권 ㅈ 양

4 傍若無人 — 바 냐 ㅁ 이

5 臨戰無退 — 음 진 ㅜ 토

6 臨機應變 — 김 ㄱ 으 켼

어려우면 뒤쪽의 정답을 봐!

▶ 정답 135쪽

133

STEP 4

유래 알아보기

勸 善 懲 惡
권할 권 　 착할 선 　 혼날 징 　 악할 악

중국 노나라의 좌구명이 <춘추>를 해설한 <춘추좌씨전>에 다음과 같은 말이 있어. '춘추'의 호칭은 어려운 것 같지만 쉽고, 쉬운 것 같으면서도 깊은 뜻이 담겨 있으며, 흐트러진 것 같으면서도 잘 정리되어 있고 표현이 노골적이면서도 품위가 있으며, 악한 행동을 벌하고 선한 행동을 권장한다.
'권선징악'은 여기에서 비롯된 말이야.
우리 고전 소설은 대부분 '권선징악'이 주제야. 착한 주인공은 복을 받고 악당들은 벌을 받는다는 내용이 담겨 있거든.

*출전: <춘추좌씨전> 성공 14년

따라 쓰기

勸 善 懲 惡 　 勸 善 懲 惡
권할 권 　 착할 선 　 혼날 징 　 악할 악 　 권할 권 　 착할 선 　 혼날 징 　 악할 악

'손과 몸을 쓰는 일은 제가 하겠습니다' 라는 말은?

*몸과 마음을 닦아 수양하고 집을 다스림.

정답은    입니다.

정답

1 좌우명　**2** 인명재천　**3** 천원지방　**4** 방약무인　**5** 임전무퇴　**6** 임기응변

난센스 퀴즈　수신제가

앞에서 익힌 고사성어를 떠올려 봐!

도전! 초성퀴즈

1. 줏대 없이 남의 의견에 따라 같이 행동함.
   ㅂ ㅎ ㄴ ㄷ → ☐ ☐ ☐ ☐

2. 정도를 지나침은 미치지 못함과 같다.
   ㄱ ㅇ ㅂ ㄱ → ☐ ☐ ☐ ☐

3. 소의 뿔을 바로잡으려다 소를 죽인다.
   ㄱ ㄱ ㅅ ㅇ → ☐ ☐ ☐ ☐

4. 모든 일은 반드시 바른 길로 돌아가게 마련임.
   ㅅ ㅍ ㄱ ㅈ → ☐ ☐ ☐ ☐

5. 왕대비나 대왕대비가 나이 어린 임금을 도와 나랏일을 돌보던 일.
   ㅅ ㄹ ㅊ ㅈ → ☐ ☐ ☐ ☐

6. 착한 일을 권장하고 악한 일을 징계함.
   ㄱ ㅅ ㅈ ㅇ → ☐ ☐ ☐ ☐

7. 만개의 파도를 가라앉히는 피리.
   ㅁ ㅍ ㅅ ㅈ → ☐ ☐ ☐ ☐

8. 그때그때 처한 형편에 맞게 일을 처리함.
   ㅇ ㄱ ㅇ ㅂ → ☐ ☐ ☐ ☐

9. 오른쪽 자리에 새겨 놓은 문구.
   ㅈ ㅇ ㅁ → ☐ ☐ ☐

10. 하늘은 둥글고 땅은 네모나다.
    ㅊ ㅇ ㅈ ㅂ → ☐ ☐ ☐ ☐

136

알맞게 이어 보자!

도전! 낱말잇기

★ 고사성어 또는 사자성어를 이루는 낱말끼리 이어 보세요!

11 우유 ● ● 누각

12 부전 ● ● 야독

13 오리 ● ● 무중

14 주경 ● ● 자전

15 사상 ● ● 부단

16 관포 ● ● 무인

17 수수 ● ● 방관

18 안하 ● ● 지고

19 적반 ● ● 무퇴

20 임전 ● ● 하장

정답
1.부화뇌동 2.과유불급 3.교각살우 4.사필귀정 5.수렴청정 6.권선징악
7.만파식적 8.임기응변 9.좌우명 10.천원지방 11.우유부단 12.부전자전
13.오리무중 14.주경야독 15.사상누각 16.관포지교 17.수수방관 18.안하무인
19.적반하장 20.임전무퇴

STEP 4

가로세로 낱말 퍼즐

가로 낱말 풀이

2 '큰 뜻을 위한 도리와 본분'이란 뜻으로, 사람이 마땅히 지켜야 할 도리와 본분을 이르는 말.
> 예 어떠한 ○○○○을 내세운다 해도 전쟁은 결코 일어나서는 안 돼! 漢 **大義名分**

4 '주인과 손님이 뒤바뀐다'는 뜻으로, 중심이 되는 것과 부차적인 것이 뒤바뀐 상황을 이르는 말.
> 예 '배보다 배꼽이 크다'는 속담이 ○○○○의 좋은 예지요. 漢 **主客顚倒**

6 '오이 밭에서 신을 고쳐 신지 말고 자두나무 아래에서 갓을 고쳐 쓰지 말라'는 뜻으로, 불필요한 행동을 해서 오해받지 말라는 말.
> 예 ○○○○는 '과전불납리'와 '이하부정관'의 앞 글자를 따서 만든 고사성어예요. 漢 **瓜田李下**

세로 낱말 풀이

1 몹시 애타게 기다림.
> 예 내 생일이 빨리 오길 ○○○○하고 있어. 스마트폰 사준다고 했거든. 漢 **鶴首苦待**

3 '동쪽으로 뛰고 서쪽으로 뛴다'는 뜻으로, 여기저기 사방으로 몹시 바쁘게 돌아다님을 이르는 말.
> 예 사건을 해결하려고 ○○○○ 바쁘게 움직이고 있어요. 漢 **東奔西走**

5 '산에서도 싸우고 물에서도 싸웠다'는 뜻으로, 세상의 온갖 고생과 어려움을 다 겪었음을 이르는 말.
> 예 우리 할아버지는 ○○○○ 다 겪은 특수 요원이셨대요. 漢 **山戰水戰**

📝 공부한 날   월   일

¹							
			³				
²대				분			
					⁵		
			⁴주		전		
				⁶		전	

가로세로 힌트

鶴首苦待(학수고대)　大義名分(대의명분)　東奔西走(동분서주)
主客顚倒(주객전도)　山戰水戰(산전수전)　瓜田李下(과전이하)

▶ 정답 145쪽

STEP 4

숨은 고사성어 찾기

낱말 뜻풀이

1 많은 재산과 높은 지위로 얻을 수 있는 영광스럽고 호화로운 생활.
  예) ○○○○를 누리면서도 불행하다는 사람이 있고, 가진 게 없어도 행복하다는 사람이 있지. 漢 富貴榮華

2 '등잔 밑이 어둡다'는 뜻으로, 가까운 데서 생긴 일을 오히려 잘 알지 못한다는 말.
  예) ○○○○이라더니, 옆에서도 전혀 몰랐네. 漢 燈下不明

3 '양의 머리를 걸어 놓고 개고기를 판다'는 뜻으로, 겉은 그럴듯하게 보이지만 속은 보잘것없음을 이르는 말.
  예) 아직도 수입산 재료를 국내산으로 속여 파는 ○○○○ 식당이 있다고? 漢 羊頭狗肉

4 평범한 남녀.
  예) ○○○○를 요즘 말로 바꾸면 평범한 보통 사람들이에요. 비) 갑남을녀, 장삼이사 漢 匹夫匹婦

5 '등불을 가까이 할 수 있다'는 뜻으로, 서늘한 가을밤은 등불을 가까이 하여 글 읽기에 좋음을 이르는 말.
  예) 가을을 천고마비의 계절, ○○○○의 계절이라고 해요. 漢 燈火可親

6 '문을 막고 나가지 않는다'는 뜻으로, 밖에 나가지 않고 집 안에만 틀어박혀 있음을 이르는 말.
  예) 집에서만 뒹굴뒹굴 ○○○○하는 외삼촌 때문에 골치 아프다는 우리 엄마. 漢 杜門不出

★ 정답을 찾아 ◯로 묶어 보세요!

양	두	구	육	가	총	면
개	의	불	리	사	두	삼
틀	험	스	장	바	문	철
필	리	모	등	하	불	명
부	귀	영	화	더	출	기
필	생	선	가	스	랜	대
부	항	해	친	돌	닐	플

▶ 정답 145쪽

찾아보기 힌트

부귀영화(富貴榮華) 등하불명(燈下不明) 양두구육(羊頭狗肉)
필부필부(匹夫匹婦) 등화가친(燈火可親) 두문불출(杜門不出)

STEP 4

고사성어 완성하기

낱말 뜻풀이

1 사람이 할 수 있는 일을 다 하고서 하늘의 뜻을 기다림.

예 많은 사람들이 즐겨 쓰는 좌우명이 ○○○○○○이래. 비 수인사대천명 漢 盡人事待天命

2 '용의 머리와 뱀의 꼬리'라는 뜻으로, 시작은 거창하나 끝이 흐지부지되는 상황을 이르는 말.

예 처음에는 큰소리 탕탕 치더니 ○○○○로 끝났네. 漢 龍頭蛇尾

3 이름만 그럴듯하고 실속은 없음.

예 스쿨존의 역할이 ○○○○해지지 않도록 철저히 지켜 주세요. 漢 有名無實

4 아무 근거 없이 널리 퍼진 소문.

예 ○○○○를 퍼뜨리는 사람은 혼쭐이 나야 해. 漢 流言蜚語

5 겉은 비슷하나 속은 완전히 다름.

예 가짜 ○○○ 종교에 빠지지 않도록 조심해야 해요. 비 사시이비 漢 似而非

6 자기를 완전히 잊고 무엇에 흠뻑 취함.

예 게임에 ○○○○돼 시간 가는 줄 몰랐네. 漢 無我陶醉

✏️공부한 날   월   일

★ 빠진 자음과 모음을 써넣으면 고사성어 완성!

1 盡人事待天命   ㅈ ㅣ ㅇ ㅣ ㄴ   ㅏ ㄷ   ㅊ ㅓ ㅁㅕ

2 龍頭蛇尾   요   ㅜ   ㅅ   ㅁ

3 有名無實   ㅠ   ㅁㅕ   ㅁ   ㄹ

4 流言蜚語   ㅇ   ㅇㅓ   ㅂ   ㅓ

5 似而非   ㅅ   ㅇ   ㅣ

6 無我陶醉   ㅁ   ㅏ   ㄷ   ㅊㅜ

어려우면 뒤쪽의 정답을 봐!

▶ 정답 145쪽

STEP 4

유래 알아보기

燈 火 可 親

등잔 **등** 　 불 **화** 　 옳을 **가** 　 친할 **친**

다음은 당나라의 대문호이자 사상가, 정치가인 한유가 아들의 독서를 권장하기 위해 지은 시 '부독서성남시' 중의 한 구절이야.

때는 가을이 되어 장마도 마침내 개고,
서늘한 바람은 마을에 가득하다.
이제 등불도 가까이 할 수 있으니
책을 펴 보는 것도 좋지 않겠는가.

가을을 일컬어 '등화가친의 계절'이라 하는데 여기서 나온 말이야.

*출전: 한유의 '부독서성남시'

따라 쓰기

燈	火	可	親	燈	火	可	親
등잔 **등**	불 **화**	옳을 **가**	친할 **친**	등잔 **등**	불 **화**	옳을 **가**	친할 **친**

세상 사람들이 가장 좋아하는 영화는?

＊많은 재산과 높은 지위로 얻을 수 있는 영광스럽고 호화로운 생활.

정답은     입니다.

정답

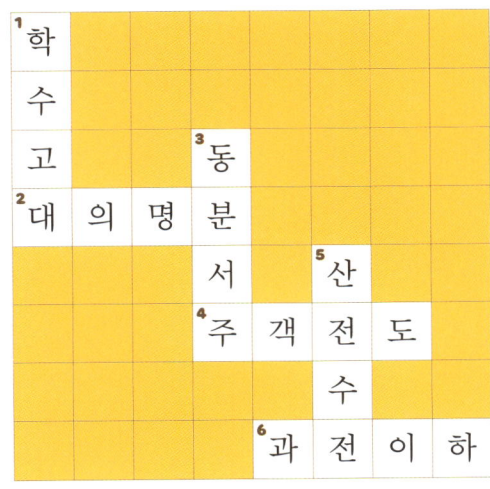

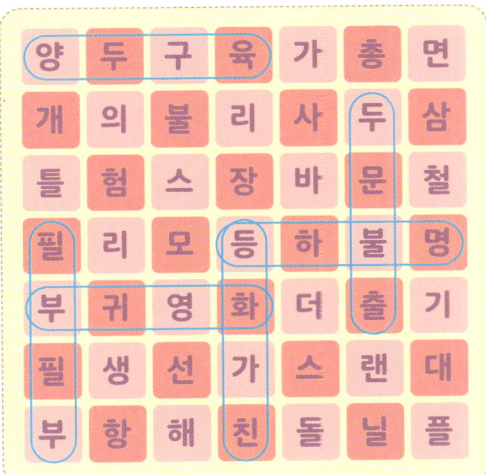

1 진인사대천명 2 용두사미 3 유명무실 4 유언비어 5 사이비 6 무아도취

난센스 퀴즈 부귀영화

STEP 4

가로세로 낱말 퍼즐

가로 낱말 풀이

2 '달걀에도 뼈가 있다'는 뜻으로, 운이 나쁜 사람은 모처럼 좋은 기회를 만나도 그 일마저 잘 안 됨을 이르는 말.
  예) ○○○○은 황희 정승이 어려웠던 시절에 있었던 일화에서 유래했어. 漢 鷄卵有骨

4 '글만 읽어 얼굴이 창백한 사람'이란 뜻으로, 세상일에는 경험이 없는 사람을 이르는 말.
  예) ○○○○ 훈장님 때문에 마을 사람들이 양초로 국을 끓여 먹었다는 전래 동화가 있어. 漢 白面書生

6 '소 잃고 외양간 고친다'는 뜻으로, 이미 잘못된 뒤에는 손을 써도 아무 소용이 없다는 말.
  예) 뒤늦게 ○○○○하지 말고 지금부터라도 잘해. 漢 亡牛補牢

세로 낱말 풀이

1 '닭의 무리 속에 있는 한 마리의 학'이라는 뜻으로, 많은 사람 중 가장 뛰어난 사람을 이르는 말.
  예) 그는 친구들 사이에서 단연 ○○○○이었어요. 漢 群鷄一鶴

3 '죽어 백골이 되어도 잊기 어렵다'는 뜻으로, 남에게 큰 은혜를 입었을 때 고마움을 나타내는 말.
  예) 굶어 죽게 된 저를 살려 주신 은혜 ○○○○입니다. 漢 白骨難忘

5 '동쪽을 묻는데 서쪽을 답한다'는 뜻으로 엉뚱한 대답을 가리키는 말.
  예) 가끔 말귀를 알아듣지 못하고 ○○○○할 때가 있어요. 漢 東問西答

📝 공부한 날   월   일

				5	
1		3·4 백		서	
2 계		골			
		6 망			

▶ 정답 153쪽

가로세로 힌트

群鷄一鶴(군계일학)　鷄卵有骨(계란유골)　白骨難忘(백골난망)
白面書生(백면서생)　東問西答(동문서답)　亡牛補牢(망우보뢰)

147

STEP 4

숨은 고사성어 찾기

낱말 뜻풀이

1 '창과 방패'라는 뜻으로, 말이나 행동의 앞뒤가 서로 맞지 않음을 이르는 말.

　예 어떤 방패로도 막지 못하는 창과 어떤 창으로도 뚫지 못하는 방패를 파는 상인의 앞뒤가 안 맞는 말에서 ○○이란 고사성어가 생겨났어요. 漢 矛盾

2 '한강에 돌 던지기'라는 뜻으로, 아무리 애를 써도 아무런 효과나 좋은 결과를 내지 못함을 이르는 말.

　예 계란으로 바위를 치는 거나 ○○○○이나 어리석기는 마찬가지. 漢 漢江投石

3 '미혹되지 않는다'는 뜻으로, 나이 마흔 살을 가리킴.

　예 우리 삼촌은 ○○인데도 장난을 잘 쳐서 친구 같아요. 漢 不惑

4 '입술이 없으면 이가 시리다'는 뜻으로, 가까운 사이의 한쪽이 망하면 다른 한쪽도 영향을 받아 온전하기 어렵다는 말.

　예 서로 돕지 않으면 ○○○○의 결과가 생길 수도 있어요. 漢 脣亡齒寒

5 '손에서 책을 놓지 않는다'는 뜻으로, 열심히 공부함을 이르는 말.

　예 세종대왕은 어릴 적부터 ○○○○의 자세가 몸에 밴 책벌레였대요. 漢 手不釋卷

6 '흙먼지를 날리며 다시 온다'는 뜻으로, 실패에 굴하지 않고 다시 힘을 키워 일어남을 이르는 말.

　예 비록 이번에는 졌지만 ○○○○하여 반드시 이기고 말 거야. 漢 捲土重來

★ 정답을 찾아 ◯로 묶어 보세요!

권	토	중	래	씨	아	한
다	트	스	아	저	슘	강
피	모	순	위	팬	리	투
쩌	키	스	망	트	터	석
불	혹	전	테	치	버	피
해	면	어	정	딩	한	리
수	불	석	권	큐	엔	올

▶ 정답 153쪽

찾아보기 힌트

모순(矛盾)　한강투석(漢江投石)　불혹(不惑)
순망치한(脣亡齒寒)　수불석권(手不釋卷)　권토중래(捲土重來)

STEP 4

고사성어 완성하기

낱말 뜻풀이

1 모든 문관과 무관을 아울러 이르는 말.
　　예 조선 시대 ○○○○이 주로 사용했던 경복궁 서쪽 영추문이 43년 만에 개방되었어요.　漢 文武百官

2 하지 못하는 일이 없음.
　　예 조선의 왕들이 모두 ○○○○의 권력을 휘둘렀던 것은 아니에요.　漢 無所不爲

3 처음부터 끝까지 한결같음을 이르는 말.
　　예 화가 나는 상황에서도 어떻게 ○○○○ 미소를 지을 수 있지?　비 수미일관　漢 始終一貫

4 '한 사람을 벌주어 백 사람을 경계한다'는 뜻으로, 경각심을 불러일으키기 위해 본보기로 한 사람에게 엄한 처벌을 내리는 일.
　　예 아동 학대 범죄는 이유를 불문하고 ○○○○로 다스려야 한다.　漢 一罰百戒

5 '오십 보 도망친 사람이나 백 보 도망친 사람이나 차이가 없음'을 이르는 말.
　　예 ○○○○○와 비슷한 속담으로 '도토리 키 재기'가 있어요.　漢 五十步百步

6 목숨이 10년이나 줄어들 정도로 매우 놀람.
　　예 아빠 친구는 등산하다 멧돼지를 만나 ○○○○했대요.　漢 十年減壽

📝 공부한 날   월   일

★ 빠진 자음과 모음을 써넣으면 고사성어 완성!

1. 文武百官   무 ㅁ 백 곤

2. 無所不爲   ㅜ ㅅ 굴 이

3. 始終一貫   ㅅ 조 을 난

4. 一罰百戒   글 블 배 케

5. 五十步百步   ㅇ 입 ㅂ 배 ㅗ

6. 十年減壽   십 년 감 ㅅ

어려우면 뒤쪽의 정답을 봐!

▶ 정답 153쪽

STEP 4

유래 알아보기

群 鷄 一 鶴
무리 군 　닭 계 　한 일 　학 학

중국 위나라 때 '죽림칠현(竹林七賢)'이라 불리는 일곱 명의 선비가 있었어. 그중 한 사람인 혜강에게는 혜소라는 총명한 아들이 있었는데, 왕에게 벼슬을 받아 난생처음 서울로 가게 되었지.
그 모습을 본 한 사람이 이렇게 말했어.
"혜소는 자세가 의젓하고 늠름해서 마치 닭 무리 속에 한 마리의 학이 내려앉은 것 같다."
혜소는 자신의 성품대로 올곧게 행동하며 황제를 잘 모시는 신하가 되었대.
'군계일학'은 여기서 유래한 말이야.

*출전: <진서>의 혜소전

따라 쓰기

群 鷄 一 鶴　　群 鷄 一 鶴
무리 군 닭 계 한 일 학 학　무리 군 닭 계 한 일 학 학

깔깔 고사성어 난센스 퀴즈

동쪽 문을 닫으면 서쪽이 답답하다는 말은?

* '동쪽을 묻는데 서쪽을 답한다'는 뜻으로, 질문과 전혀 상관없는 엉뚱한 대답을 가리키는 말.

정답은 ☐☐☐☐ 입니다.

정답

1 문무백관 2 무소불위 3 시종일관 4 일벌백계 5 오십보백보 6 십년감수

난센스 퀴즈 동문서답

153

앞에서 익힌 고사성어를 떠올려 봐!

도전! 초성퀴즈

1. 등잔 밑이 어둡다.
   ㄷ ㅎ ㅂ ㅁ → ☐ ☐ ☐ ☐

2. 사람이 할 수 있는 일을 다 하고서 하늘의 뜻을 기다림.
   ㅈ ㅇ ㅅ ㄷ ㅊ ㅁ → ☐ ☐ ☐ ☐ ☐ ☐

3. 자기를 완전히 잊고 무엇에 흠뻑 취함.
   ㅁ ㅇ ㄷ ㅊ → ☐ ☐ ☐ ☐

4. 겉은 비슷하나 속은 완전히 다름.
   ㅅ ㅇ ㅂ → ☐ ☐ ☐

5. 큰 뜻을 위한 도리와 본분.
   ㄷ ㅇ ㅁ ㅂ → ☐ ☐ ☐ ☐

6. 창과 방패.
   ㅁ ㅅ → ☐ ☐

7. '미혹되지 않는다'는 뜻으로, 나이 마흔 살을 가리킴.
   ㅂ ㅎ → ☐ ☐

8. 입술이 없으면 이가 시리다.
   ㅅ ㅁ ㅊ ㅎ → ☐ ☐ ☐ ☐

9. 하지 못하는 일이 없음.
   ㅁ ㅅ ㅂ ㅇ → ☐ ☐ ☐ ☐

10. 오십 보 도망친 사람이나 백 보 도망친 사람이나 차이가 없음.
    ㅇ ㅅ ㅂ ㅂ → ☐ ☐ ☐ ☐

알맞게 이어 보자!

도전! 낱말잇기

★ 고사성어 또는 사자성어를 이루는 낱말끼리 이어 보세요!

11 부귀 ●   ● 수전

12 용두 ●   ● 고대

13 주객 ●   ● 전도

14 학수 ●   ● 사미

15 산전 ●   ● 영화

16 군계 ●   ● 난망

17 백골 ●   ● 일학

18 동문 ●   ● 서답

19 십년 ●   ● 일관

20 시종 ●   ● 감수

정답
1.등하불명 2.진인사대천명 3.무아도취 4.사이비 5.대의명분 6.모순 7.불혹 8.순망치한 9.무소불위 10.오십보백보 11.부귀영화 12.용두사미 13.주객전도 14.학수고대 15.산전수전 16.군계일학 17.백골난망 18.동문서답 19.십년감수 20.시종일관

이 책에 실린 고사성어·사자성어

ㄱ

가가호호(家家戶戶)
가렴주구(苛斂誅求)
가화만사성(家和萬事成)
각주구검(刻舟求劍)
감언이설(甘言利說)
감탄고토(甘吞苦吐)
개과천선(改過遷善)
격세지감(隔世之感)
견문발검(見蚊拔劍)
견물생심(見物生心)
견원지간(犬猿之間)
결자해지(結者解之)
결초보은(結草報恩)
경거망동(輕擧妄動)
경전하사(鯨戰蝦死)
계란유골(鷄卵有骨)
고장난명(孤掌難鳴)
고진감래(苦盡甘來)
곡학아세(曲學阿世)
공사다망(公私多忙)
과대망상(誇大妄想)
과유불급(過猶不及)
과전이하(瓜田李下)
관포지교(管鮑之交)

괄목상대(刮目相對)
교각살우(矯角殺牛)
교우이신(交友以信)
구사일생(九死一生)
군계일학(群鷄一鶴)
군중심리(群衆心理)
권모술수(權謀術數)
권선징악(勸善懲惡)
권토중래(捲土重來)
금상첨화(錦上添花)
금시초문(今始初聞)
금지옥엽(金枝玉葉)
기고만장(氣高萬丈)
기승전결(起承轉結)
길흉화복(吉凶禍福)

ㄴ

난공불락(難攻不落)
난형난제(難兄難弟)
남녀노소(男女老少)
낭중지추(囊中之錐)
노발대발(怒發大發)
노심초사(勞心焦思)
녹의홍상(綠衣紅裳)
누란지위(累卵之危)

ㄷ

다다익선(多多益善)
다사다난(多事多難)
다재다능(多才多能)
당구풍월(堂狗風月)
대기만성(大器晚成)
대대손손(代代孫孫)
대성통곡(大聲痛哭)
대의명분(大義名分)
도청도설(道聽塗說)
독불장군(獨不將軍)
독서삼매(讀書三昧)
독야청청(獨也靑靑)
동가홍상(同價紅裳)
동고동락(同苦同樂)
동명이인(同名異人)
동문서답(東問西答)
동병상련(同病相憐)
동분서주(東奔西走)
동상이몽(同床(牀)異夢)
동족상잔(同族相殘)
두문불출(杜門不出)
등하불명(燈下不明)
등화가친(燈火可親)

ㅁ

마부작침(磨斧作針)
마이동풍(馬耳東風)
막상막하(莫上莫下)
만사형통(萬事亨通)
만파식적(萬波息笛)
망우보뢰(亡牛補牢)
맹모삼천(孟母三遷)
맹인모상(盲人摸象)
명불허전(名不虛傳)
명실상부(名實相符)
명약관화(明若觀火)
모순(矛盾)
목민지관(牧民之官)
목불식정(目不識丁)
묘두현령(猫頭懸鈴)
무골호인(無骨好人)
무소불위(無所不爲)
무아도취(無我陶醉)
무용지물(無用之物)
문무백관(文武百官)
문방사우(文房四友)
문일지십(聞一知十)
문전박대(門前薄待)
문전옥답(門前沃畓)

ㅂ

박장대소(拍掌大笑)
박학다식(博學多識)
반면교사(反面教師)
반신반의(半信半疑)
반포지효(反哺之孝)
발본색원(拔本塞源)
방약무인(傍若無人)
백골난망(白骨難忘)
백년하청(百年河淸)
백면서생(白面書生)
백발백중(百發百中)
백전백승(百戰百勝)
백척간두(百尺竿頭)
병가상사(兵家常事)
복지부동(伏地不動)
부귀영화(富貴榮華)
부자유친(父子有親)
부전자전(父傳子傳)
부지기수(不知其數)
부화뇌동(附和雷同)
분골쇄신(粉骨碎身)
분서갱유(焚書坑儒)
불가사의(不可思議)
불치하문(不恥下問)
불혹(不惑)
비일비재(非一非再)

ㅅ

사고무친(四顧無親)
사군이충(事君以忠)
사리사욕(私利私慾)
사면초가(四面楚歌)
사상누각(沙上樓閣)
사생결단(死生決斷)
사서삼경(四書三經)
사이비(似而非)
사필귀정(事必歸正)
사후약방문(死後藥方文)
산전수전(山戰水戰)
산해진미(山海珍味)
살신성인(殺身成仁)
삼고초려(三顧草廬)
삼삼오오(三三五五)
삼인성호(三人成虎)
상부상조(相扶相助)
상전벽해(桑田碧海)
상탁하부정(上濁下不淨)
새옹지마(塞翁之馬)
생로병사(生老病死)
생면부지(生面不知)
생사고락(生死苦樂)
선견지명(先見之明)
설상가상(雪上加霜)
설왕설래(說往說來)
성인군자(聖人君子)

소탐대실(小貪大失)　　어부지리(漁父之利)　　유종지미(有終之美)
속수무책(束手無策)　　어불성설(語不成說)　　이구동성(異口同聲)
수렴청정(垂簾聽政)　　언중유골(言中有骨)　　이목구비(耳目口鼻)
수불석권(手不釋卷)　　역지사지(易地思之)　　이실직고(以實直告)
수수방관(袖手傍觀)　　연목구어(緣木求魚)　　이심전심(以心傳心)
수신제가(修身齊家)　　오리무중(五里霧中)　　이이제이(以夷制夷)
수어지교(水魚之交)　　오비삼척(吾鼻三尺)　　인과응보(因果應報)
수주대토(守株待兔)　　오비이락(烏飛梨落)　　인명재천(人命在天)
순망치한(脣亡齒寒)　　오십보백보(五十步百步)　인산인해(人山人海)
시기상조(時機尙早)　　오월동주(吳越同舟)　　인지상정(人之常情)
시시비비(是是非非)　　온고지신(溫故知新)　　일거양득(一擧兩得)
시종일관(始終一貫)　　와신상담(臥薪嘗膽)　　일벌백계(一罰百戒)
시행착오(試行錯誤)　　왕후장상(王侯將相)　　일석이조(一石二鳥)
신토불이(身土不二)　　외유내강(外柔內剛)　　일소일소(一笑一少)
심기일전(心機一轉)　　용두사미(龍頭蛇尾)　　일장춘몽(一場春夢)
심사숙고(深思熟考)　　우왕좌왕(右往左往)　　일취월장(日就月將)
심산유곡(深山幽谷)　　우유부단(優柔不斷)　　일파만파(一波萬波)
십년감수(十年減壽)　　우이독경(牛耳讀經)　　일편단심(一片丹心)
십시일반(十匙一飯)　　우후죽순(雨後竹筍)　　일필휘지(一筆揮之)
십중팔구(十中八九)　　월하노인(月下老人)　　일확천금(一攫千金)
　　　　　　　　　　　위기일발(危機一髮)　　임기응변(臨機應變)
　　　　ㅇ　　　　위풍당당(威風堂堂)　　임전무퇴(臨戰無退)
아수라장(阿修羅場)　　유구무언(有口無言)　　입신양명(立身揚名)
아전인수(我田引水)　　유명무실(有名無實)
안하무인(眼下無人)　　유비무환(有備無患)　　　　**ㅈ**
애지중지(愛之重之)　　유언비어(流言蜚語)　　자가당착(自家撞着)
양두구육(羊頭狗肉)　　유유상종(類類相從)　　자격지심(自激之心)
양상군자(梁上君子)　　유일무이(唯一無二)　　자초지종(自初至終)

자화자찬(自畵自讚)
작심삼일(作心三日)
적반하장(賊反荷杖)
적진성산(積塵成山)
전광석화(電光石火)
전화위복(轉禍爲福)
점입가경(漸入佳境)
조삼모사(朝三暮四)
조족지혈(鳥足之血)
좌우명(座右銘)
주객전도(主客顚倒)
주경야독(晝耕夜讀)
죽마고우(竹馬故友)
중과부적(衆寡不敵)
중구난방(衆口難防)
지록위마(指鹿爲馬)
지자불혹(知者不惑)
지지부진(遲遲不進)
지피지기(知彼知己)
지필연묵(紙筆硯墨)
지호지간(指呼之間)
진수성찬(珍羞盛饌)
진인사대천명(盡人事待天命)
질풍노도(疾風怒濤)

ㅊ

차일피일(此日彼日)
천고마비(天高馬肥)

천군만마(千軍萬馬)
천생연분(天生緣分)
천양지차(天壤之差)
천원지방(天圓地方)
천진난만(天眞爛漫)
청렴결백(淸廉潔白)
청산유수(靑山流水)
청천벽력(靑天霹靂)
청출어람(靑出於藍)
청풍명월(淸風明月)
초지일관(初志一貫)
침소봉대(針小棒大)

ㅌ

타산지석(他山之石)
탁상공론(卓上空論)
토사구팽(兎死狗烹)

ㅍ

파란만장(波瀾萬丈)
파안대소(破顔大笑)
파죽지세(破竹之勢)
풍전등화(風前燈火)
피차일반(彼此一般)
필부필부(匹夫匹婦)

ㅎ

학수고대(鶴首苦待)
한강투석(漢江投石)
함흥차사(咸興差使)
항우장사(項羽壯士)
형설지공(螢雪之功)
호가호위(狐假虎威)
호사다마(好事多魔)
호사유피(虎死留皮)
호언장담(豪言壯談)
호연지기(浩然之氣)
호호선생(好好先生)
화룡점정(畵龍點睛)
화중지병(畵中之餠)
희로애락(喜怒哀樂)

엮은이 정명숙

서울교육대학교와 명지대학교 대학원 문예창작과를 졸업했어요.
아이들과 관련된 책을 쓸 때 가장 행복하고, 책을 읽은 아이들이 "재미있고 유익해요!"라는 말을 할 때 가장 힘이 나고 기쁘답니다.
최근 펴낸 책으로는 『일곱 살 처음 하기 사전』, 『사라진 보물을 찾아라』, 『초등 전과목 어휘력 사전』, 『똑똑한 하루 10분 낱말퍼즐』, 『GUESS? 식물백과』, 『두뇌를 깨우는 5분 퀴즈 놀이』 등이 있어요.

그린이 허민영

그림책, 영유아 교육분야에서 아이들을 위한 그림을 그리고 있어요.
영유아 교육전문 잡지 '꼬망세'와 '색동회'의 유치원 교재에 그림을 그렸어요.
쓰고 그린 책으로는 『아이가 원하는 세상의 모든 그림 그리기』가 있고,
그린 책으로는 『온 우주가 너를 사랑해』, 『재미난 시장놀이로 배우는 돈과 수학』 등이 있어요.
천재교육 교과서, 피어슨코리아, 서울문화재단, 삼성물산 래미안 등 다양한 클라이언트와 협업하며 일러스트레이터로 활동하고 있어요.

homepage www.minglem.com   instagram @minglem   mail mingle_m@naver.com

꼭 알아야 할 고사성어·사자성어가 한 권에!
초등 고사성어 낱말 퍼즐

2025년 12월 5일 초판 1쇄 발행

엮은이 정명숙
그린이 허민영
펴낸이 김병준
펴낸곳 (주)지경사
주　소 서울특별시 강남구 논현로 71길 12
전　화 02)557-6351(대표) 02)557-6352(팩스)
등　록 제10-98호(1978. 11. 12)

ⓒ(주)지경사, 2025 Printed in Korea.

편집 책임 한은선　**디자인** 이수연
ISBN 978-89-319-3474-8 (73710)
잘못 만들어진 책은 구입하신 곳에서 바꾸어 드립니다.